Todo-en-uno

Spanische Grammatik anders trainieren • A2+

Ernst Klett Sprachen
Stuttgart

Für Schülerinnen und Schüler in der Sek I (A2+)

von Javier Navarro González und María Victoria Rojas Riether

Zu diesem Grammatiktrainer findest du
Online-Checks (inkl. Lösungen) und Lernvideos.
Mit der **Klett-Augmented-App** gelangst du direkt auf die Startseite.
Dafür diese Seite scannen oder die Seiten mit dem Augmented-Symbol.

Klett-Augmented-App kostenlos downloaden und öffnen | Bilderkennung starten und Seite mit **diesem Symbol** scannen | Medien laden, direkt nutzen oder speichern

Falls du keinen Zugriff auf die Klett-Augmented-App hast, einfach den **Online-Code 7k4xgcc** auf *www.klett-sprachen.de* im Suchfeld oben rechts eingeben, so gelangst du auch zu den Lösungen und Online-Checks.

1. Auflage 1 5 4 3 2 1 | 2025 24 23 22 21

www.klett-sprachen.de

Autoren: Javier Navarro González, María Victoria Rojas Riether
Redaktion: Simone Roth
Layoutkonzeption: Andreas Drabarek
Gestaltung und Satz: Typoint, Berlin
Umschlaggestaltung: Andreas Drabarek

Erklärvideos: Steffen Obeling, Javier Navarro González, María Victoria Rojas Riether
Sprechende: Laura López, Javier Navarro und Katharina Preuß
Tonstudio: Sprachenzentrum FAU
Onlineübungen: María Victoria Rojas Riether
Druck und Bindung: Elanders GmbH, Waiblingen

Printed in Germany

ISBN 978-3-12-525685-9

So arbeitest du mit diesem Heft:

Suche das Kapitel über den Grammatikstoff, den du wiederholen willst/sollst.

CHECK-IN

Mache den **Online-check-in** mit der **Klett-Augmented-App** oder am **Computer** (die Erklärungen findest du auf Seite 2).
In der 1. Übung testest du, ob du den Stoff der letzten Schuljahre beherrschst.
In den weiteren Übungen geht es um den neuen Stoff dieses Schuljahres.

0 Fehler? Bravo!

1 Schlage zur Belohnung die Seite **„descubrir"** auf.

- Du kannst den Comic lesen, die Sprichwörter, über die Witze lachen usw. Das sind alles **authentische** Dokumente, d. h. etwas von „echten" spanischsprachigen AutorInnen und KünstlerInnen.
- Du wirst entdecken, dass auch hier der Grammatikstoff vorkommt – man braucht diesen Stoff also wirklich!

2 Am besten füllst du noch schnell die Übersicht bei **„aprender"** mit der **Zusammenfassung der wichtigen Regeln und Formen** aus. Dann bist du ganz sicher, dass der Stoff gut sitzt!

Nicht alles richtig? Macht nichts, bald hast du den Stoff auch drauf!

1 Schlage zuerst die Seite „descubrir" auf und lies den Comic oder die Sprichwörter, lache über die Witze usw., worauf dich die Sätze im Einstufungstest vorbereitet haben. Du kannst dort entdecken, wie man den Grammatikstoff verwendet.

2 Fülle dann die Übersicht bei „aprender" mit der Zusammenfassung der wichtigen **Regeln, Formen und kleinen Übungen** aus. Die Sätze bei „descubrir" helfen dir.

- Wenn du nicht weiterweißt, sieh in den online Lösungen nach (Online-Code 7k4xgcc auf www.klett-sprachen.de eingeben).
- Du erinnerst dich nicht mehr so gut an die Regeln? Kein Problem! Du kannst dir die Lernvideos mit der Klett-Augmented-App anschauen, sie helfen dir, alles gut zu verstehen (s. Seite 2).

3 Mache nun die Übungen bei „practicar".

- Die 1. Übung ist grau, d.h. sie bezieht sich nur auf den Stoff der letzten Schuljahre.
- In den weiteren Übungen geht es auch um den neuen Stoff. Korrigiere dich mit den Lösungen.
- Dann kannst du entsprechend ankreuzen:

Diese Übung ist mir sehr leicht gefallen.
Diese Übung war für mich ein bisschen schwierig.
Diese Übung fand ich richtig schwierig.

CHECK-OUT

Mache jetzt den Online-check-out mit der **Klett-Augmented-App** oder am **Computer**.

☐ 0 Fehler? Super, jetzt kannst du's!
☐ Nicht alles richtig? Bald kannst du's! Mache jetzt noch die zusätzlichen Repaso-Übungen.

Es ist Schuljahresanfang/Schuljahresmitte und du hast noch nicht allen neuen Grammatikstoff gelernt? Macht gar nichts. Arbeite einfach nur mit den grauen Regeln/Übungen in jedem Kapitel – das ist das **Grundwissen aus den letzten Jahren.**
Du kannst gerade nicht ins Internet? Kein Problem. Dann mache einfach nacheinander die Seiten des Kapitels.

Grammatikstoff der Kapitel

Hake in dieser Übersicht die Themen ab, die du schon gemacht hast. Dann behältst du immer den Überblick.

1. Los acentos // Akzentsetzung

CHECK-IN

Mache zuerst den **Online-check-in** mit der **Klett-Augmented-App** oder am **Computer** (die Erklärungen findest du auf Seite 2).

1 **Lee en voz alta el siguiente mensaje de texto.**
¿Qué malentendido hay? ¿Qué quiere decir A (en blanco) y qué entiende B (en verde)? ¿Por qué?

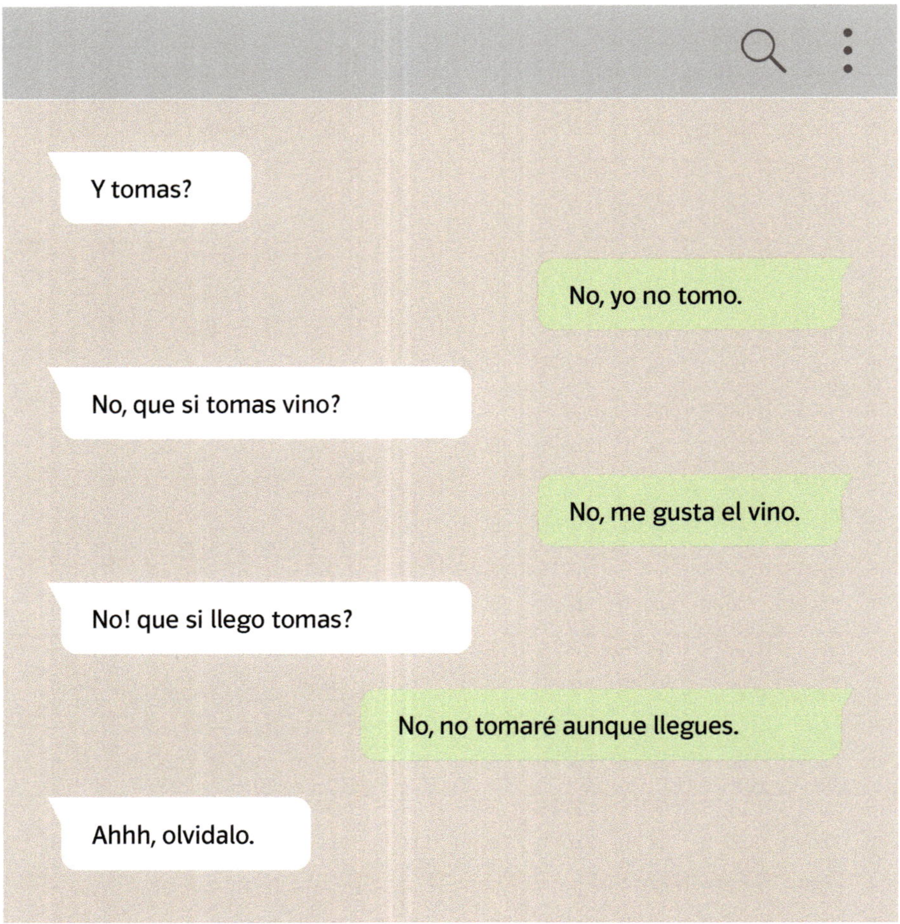

Originalquelle: Facebook, 2. Quelle: Blog Ideas para la Clase

2 **Corrige el diálogo, marcando los acentos y lo que falte. Después léelo en voz alta otra vez.**

A: Y tomas?
B: No, yo no tomo.
A: No, que si tomas vino?
B: No me gusta el vino.
A: No! que si llego tomas?
B: No, no tomaré aunque llegues.
A: Ahhh, olvídalo.

Las reglas básicas

andar – fatal – verdad – arroz – reloj – islam – ketchup – relax

Alle Wörter, die auf einen Konsonanten (außer ...... und ......) enden, werden auf der **letzten Silbe** betont.

producto – mesa – tigre – safari – canon – corren – fatales – abres

Alle Wörter, die auf ...., ... und ...... enden, werden auf der **vorletzten Silbe** betont.

Letzte Silbe betont: *habló – comí – acné – Perú – además – ratón*
Vorletzte Silbe betont: *árbol – cómic – carácter – césped*
Drittletzte Silbe betont: *romántico – dámela – teléfonos – bádminton – Júpiter*

Alle Wörter, die diesen zwei Regeln nicht folgen, bekommen einen Akzent auf dem Vokal der betonten Silbe.

sol – vas – en – al – ten – flor

Wörter, die aus **einer Silbe** bestehen, tragen in der Regel **keinen Akzent.**

Tipp

Diese Endungen lernst du bei den Verben im Präsens:
am**o**, ama**s**, am**a**, amamo**s**, amá**is**, ama**n**

Los acentos

Diptongos con "i" o "u"

eine Silbe: „i" und „u" unbetont

cielo (cie-lo), aula (au-la), duermo (............), abrió (............), actuó (............), ciudad (............), cuidado (............)

zwei Silben: „i" und „u" betont

día (dí-a), increíble (in-cre-í-ble), Raúl (......................), acentúo (......................), países (......................), geometría (......................)

Stehen „i" und „u" neben einem anderen Vokal **und** werden sie betont / unbetont, bekommen sie **immer** einen Akzent.

Acentos excepcionales en palabras de una sílaba

para **mí** →	mich/mir	**Sé** la lección.	sich
mi casa →	mein/meine	Ana **se** casa.	weiß
Tú eres Pedro.	du	**Sí,** claro.	wenn
tu amiga	dein/deine	**Si** Luis viene...	ja
Él es Juan	der/die/das	¿**Qué** quieres?	was?
el chico	er	Digo **que** tengo hambre.	dass

Schau dir jetzt das Lernvideo an. Damit kannst du dir die Grundregeln besser merken.

1 **Las siguientes palabras tienen la sílaba acentuada en negrita. Escribe las palabras en la columna adecuada y marca la tilde *(den Akzent)* si es necesario.**

	Es endet auf Konsonanten (außer n und s). **Letzte Silbe** betont.	Es endet auf Vokal, n oder s. **Vorletzte Silbe** betont.	Es folgt keiner der 2 Regeln. Akzent auf der betonten Silbe.
1. **to**mas			
2. To**mas**			
3. **co**modo			
4. **lle**go			
5. lle**go**			
6. her**ma**nos			
7. auto**mo**vil			
8. cre**er**			
9. e**xa**men			
10. hospi**tal**			
11. **sa**bado			
12. pa**pa**			

☐ 🙂 ☐ 😐 ☐ ☹

2 **Las siguientes palabras tienen la letra acentuada en negrita. Escribe las palabras, separa las sílabas y marca la tilde (den Akzent) si es necesario. Ejemplo: avion → a-vión**

1. rio → ....
2. rio → ....
3. viernes → ....
4. viajar → ....
5. viaje → ....
6. viaje → ....
7. farmacia → ....
8. libreria → ....
9. Mario → ....
10. Maria → ....
11. tatuarse → ....
12. suerte → ....
13. museo → ....
14. sonreir → ....
15. frio → ....
16. resfriado → ....
17. miercoles → ....
18. racion → ....

☐ 🙂 ☐ 😐 ☐ ☹

3 **Lee las frases en voz alta y marca los acentos, si es necesario. La sílaba acentuada está en negrita.**

1. **Yo se que tu siem**pre **to**mas **te. Si quie**res **te** pre**pa**ro **u**no. 2. **Si, gra**cias. ¿**Que te tie**nes? 3. **Ten**go **mu**chos **por**que **mi** ma**ri**do **to**ma **te.** ¿**Se quie**re la**var las ma**nos? Per**don**: ¿**Te quie**res la**var las ma**nos? 4. **Pa**ra **mi, un te ver**de.

☐ 🙂 ☐ 😐 ☐ ☹

CHECK-OUT «<

Mache jetzt den **Online-check-out** mit der **Klett-Augmented-App** oder am **Computer.**

☐ 0 Fehler? Super, jetzt kannst du's!

☐ Nicht alles richtig? Bald kannst du's! Mache jetzt noch die **zusätzlichen Repaso-Übungen.**

2.1 Artículos y sustantivos // Artikel und Substantive

CHECK-IN

Mache zuerst den **Online-check-in** mit der **Klett-Augmented-App** oder am **Computer** (die Erklärungen findest du auf Seite 2).

1 **Lee los títulos de las películas y sus contenidos. Marca los artículos y los sustantivos.**

CINE ESPAÑOL

2022

España 2012	Lo imposible 	Está basada en una historia real. El 26 de diciembre de 2004 hubo un tsunami en la costa del sudeste asiático. Había muchas familias pasando vacaciones. Una de estas familias estaba en la piscina de un hotel cuando de pronto una ola gigante los golpea y los separa. La madre y su hijo mayor se salvan con la ayuda de la gente del pueblo que los llevan al hospital. En el hospital curan a la madre, pero hay un error y se intercambian las fichas de pacientes. Cuando su hijo va a buscar a su madre, no la encuentra. Por otro lado, el padre y los dos hermanos también han sobrevivido juntos al tsunami. En su búsqueda, llegan al hospital donde están operando a la madre. Finalmente, la familia consigue reunirse.
México 2020	Todo lo invisible	Es una historia sobre la ceguera repentina causada por un accidente… leer más »
Bolivia 2005	Lo más bonito y mis mejores años	Cuenta la preparación de un viaje en el que esperamos entendernos. leer más »
España 2010	Lo más importante de la vida es no haber muerto	Narra una historia de aparente amor, traición y perdón. leer más »
Bolivia 2018	Lo peor de los deseos	El país está en conflicto y la esposa del dirigente de choferes presiona a su marido a bloquear calles y usar el poder… leer más »
España 2015	El desconocido	Un hombre está llevando a sus hijos al colegio cuando recibe una llamada telefónica anónima… leer más »

2 **Ahora escribe a qué se refieren los artículos *el* o *lo* en los títulos de las películas.**

El plural de los sustantivos

Singular	Plural	Singular	Plural
un perro	*dos perros*	*un hotel*	*dos* ....
una casa	*dos*	*un rey*	*dos* ....
un café	*dos*	*una vez*	*dos* ....

Substantive, die auf „Vokal + y" enden, bilden den Plural mit ....

Substantive, die auf „-z" enden, bilden den Plural mit......... .

Los sustantivos

El artículo antes de un sustantivo femenino que empieza con "a"

el / la	mucho(s) / mucha(s)
el agua	*mucha agua*
.... *hambre*	.... *hambre*
.... *aula*	.... *aulas*

Der maskuline Artikel "el" steht vor femininen Substantiven, die mit "a" oder "ha" anfangen, wenn der Anfangsbuchstabe "a" betont / unbetont ist.

el / la	mucho(s) / mucha(s)
la amiga	*muchas amigas*
.... *ayuda*	.... *ayuda*
.... *actividad*	.... *actividades*

La sustantivación con "lo"

Das Beste kommt immer am Schluss. → **lo** mejor
Von allen Jungs ist Julio der Beste. → **el** mejor

Das Traurige ist, das wir nicht schwimmen konnten. **lo** triste
Der Traurige ist mein Cousin Enrique. **el** triste

Mario war immer der Erste beim Essen. **lo** primero
Das Erste, was wir machten, war Koffer auspacken. **el** primero

1 **Escribe el plural de los siguientes sustantivos.**

el hospital	*el sofá*	*el cantante* ....
la blusa	*el pie*	*el reloj* ....
el viaje	*el problema*	*la red* ....
el pez	*el mes*	*la ciudad* ....
el rey	*la cantante*	

☐ ☐ ☐

2 **Escribe el plural o el singular que falte.**

....	→	mucha agua	el ave	→	....
la alarma	→	....	....	→	mucha hambre
....	→	muchas abuelas	el animal	→	....
el atleta	→	....	la agenda	→	....

☐ ☐ ☐

3 **Une las frases según el significado del artículo LO o EL.**

1. El primero 2. Lo primero	a. es que tenemos que practicar los verbos. b. en llegar fue Luis.
3. El peor 4. Lo peor	a. no aprobó el año. b. fue la comida.
5. El conocido 6. Lo conocido	a. es el mate y el tango. b. es Maradona.
7. El malo 8. Lo malo	a. es no poder ir en verano. b. es Carlos.
9. El nuevo 10. Lo nuevo	a. en la clase es de Perú. b. no siempre es lo mejor.
11. El sano 12. Lo sano	a. no siempre sabe bueno. b. es mi hermano. Solo come frutas y verduras.

☐ ☐ ☐

CHECK-OUT

Mache jetzt den **Online-check-out** mit der **Klett-Augmented-App** oder am **Computer.**

☐ 0 Fehler? Super, jetzt kannst du's!

☐ Nicht alles richtig? Bald kannst du's! Mache jetzt noch die **zusätzlichen Repaso-Übungen.**

2.2 Pronombres personales // Personalpronomen

CHECK-IN

Mache zuerst den **Online-check-in** mit der **Klett-Augmented-App** oder am **Computer** (die Erklärungen findest du auf Seite 2).

1 **Lee el cómic. Marca los pronombres personales.**

2 **Mira el cómic y responde a las preguntas.**

1. ¿Dónde está la chica?
2. ¿Está hablando o pensando?
3. ¿Qué tiene en la mano?
4. ¿Necesita lo que tiene en la mano?
5. ¿Qué le ayuda a tomar una decisión?
6. ¿Compra algo?
7. ¿Qué sustantivo reemplaza el pronombre?

Formas de los pronombres personales

las le les lo los os se te

sujeto	objeto directo	objeto indirecto	pronombre reflexivo
yo		*me*	
tú		……………….	
ella / él / usted	*la /*……………….	……………….	*se*
nosotros / nosotras		*nos*	
vosotras / vosotros		……………….	
ellas / ellos / ustedes	*las /*……………….	……………….	……………….

Objekt- und Reflexivpronomen sind gleich außer in der 3. Person:

Veo a María: …… veo.
Doy un libro a María: …… doy un libro.

María y Edu …… levantan a las ocho de la mañana.

Los pronombres personales

Colocación *(Stellung)*

Estoy viendo a María.	→	*La estoy viendo.* *Estoy viéndo………* .
Quiero ver a María	→	*……… quiero ver.* *Quiero ver………* .

Bei Verbkonstruktionen kann das Objektpronomen vor dem konjugierten Verb stehen oder an das ……………………… oder den ……………………… angehängt werden.

¡Da un libro a María!	→	*¡Da…… un libro!*
Mirad a María.	→	*Mirad……* .

An bejahte Imperative wird das Objektpronomen immer angehängt.

Dos pronombres con el verbo

Me das un libro.	→	*Me …… das*
Nos abres la puerta.	→	*……… ……… abres.*

Stehen zwei Pronomen beim Verb, steht das direkte / indirekte Objektpronomen vor dem direkten / indirekten Objektpronomen.

Regala una flor a su novia. → *…… …… regala.*

Das Pronomen le oder les wird vor einem Objektpronomen zu ……… .

Wenn du die verschiedenen Personalpronomen nicht unterscheiden kannst, schau dir jetzt das Lernvideo an.

1 **Escribe la frase en presente reemplazando el objeto directo o indirecto por un pronombre personal.**

lo · nos · me · las · los · la

leer – María – un libro → ....

abrazar – Luis – a María → ....

cantar – los chicos – la canción → ....

dar – tú – los regalos – a nosotros → ....

acostarse – yo – temprano → ....

dibujar – vosotros – las flores → ....

invitar – Andrés – a sus buenos amigos → ....

☐ ☺ ☐ 😐 ☐ ☹

2 **Reescribe la frase usando todos los pronombres posibles.**

1. *Ahora envío la carta.* → ....
2. *¡Envía las cartas pronto!* → ....
3. *¡No llames a tus padres!* → ....
4. *Mostré las fotos a mis amigos* → ....
5. *Escribía postales a mi familia.* → ....
6. *No me he puesto las gafas.* → ....
7. *¿Nos das la sorpresa?* → ....

☐ ☺ ☐ 😐 ☐ ☹

3 **Reescribe las frases usando pronombres en dos lugares diferentes en la frase.**

Ejemplo: Estoy enviando una carta a Margarita. → a. Se la estoy enviando → b. Estoy enviándosela.

¿Me podrías recomendar ese restaurante? → a. .... *→ b.* ....

Quiero leer el libro. → a. .... *→ b.* ....

Vamos a probarnos esos vestidos. → a. .... *→ b.* ....

☐ ☺ ☐ 😐 ☐ ☹

CHECK-OUT

Mache jetzt den **Online-check-out** mit der **Klett-Augmented-App** oder am **Computer.**

☐ 0 Fehler? Super, jetzt kannst du's! ☐ Nicht alles richtig? Bald kannst du's! Mache jetzt noch die **zusätzlichen Repaso-Übungen.**

3.1 Adjetivos // Adjektive

CHECK-IN

Mache zuerst den **Online-check-in** mit der **Klett-Augmented-App** oder am **Computer** (die Erklärungen findest du auf Seite 2).

1 **Mira los dibujos y lee los refranes. ¿Cuál de las fotos pertenece a qué refrán?**

1

2

3

4

A A buen hambre, no hay pan duro.

B Detrás de un gran hombre, hay una gran mujer.

C A buen entendedor, pocas palabras bastan.

D A mal tiempo, buena cara.

2 **Subraya los adjetivos. Son seis en total. ¿Qué te llama la atención?**

....

de colores

un pantalón...	una blusa...	unos pantalones...	unas blusas...
rojo	roja	rojos	rojas
azul		azules	
	marrón		
	rosa		rosa(s)

de nacionalidades

un hombre...	una mujer...	unos hombres...	unas mujeres...
mexicano	mexicana	mexicanos	mexicanas
inglés			inglesas
español		españoles	

Adjektive, die sich von einer Pflanze ableiten und auf „......" enden, haben die gleiche Form im Maskulin und Feminin und bilden den Plural wahlweise mit „......".

Adjetivos // Adjektive

que se abrevian *(gekürzt)*

buen / bueno / buena	mal /malo / mala
un .... día	un .... día
una .... semana	una ....semana
una semana	una semana ....
un día	un día ....

Bueno,-a und *malo, -a* werden abgekürzt, wenn sie vor einem Nomen Feminin / Maskulin und Plural / Singular stehen.

gran / grande / grandes

un .... hombre	una .... mujer
un hombre	una mujer ....
.... hombres	.... mujeres
hombres	mujeres ....

Grande(s) wird abgeküzt, wenn es vor einem Nomen im Plural / Singular steht.

con cambio de significado *(Bedeutungsänderung)*

mi **nueva** casa →	neu für mich	un **simple** ejemplo	einfach
mi casa **nueva** →	neu gebaut	un ejemplo **simple**	nur
un **gran** hombre	großartig	mi **antigua** casa	ehemalig
un hombre **grande**	groß gewachsen	mi casa **antigua**	alt
la **pobre** chica	arm		
la chica **pobre**	armselig		

1 **¿De dónde son? ¿De qué color son? Completa los colores y las nacionalidades.**

1. Un sombrero mexican......, amarill......, roj...... y v.......
2. Un autobús roj....... El autobús típico ingl.......
3. La bandera argent......, az...... y blanc.......
4. Una pelota amari......, roj...... y negr....... Una pelota alem......
5. Una españo...... bailando flamenco españo.... Lleva un vestido ro...... y amarill.......

☐ 🙂 ☐ 😐 ☐ ☹

2 **¿Qué significan los refranes? Completa cada explicación con los adjetivos de la izquierda en el lugar adecuado y en la forma adecuada. Hay huecos que no se pueden llenar.**

grande bueno malo — 1. A .... tiempo ...., ... cara significa que si tienes .... problemas .... o cuando pasas por un .... momento, lo mejor es tener una .... actitud. Es un refrán optimista.

grande bueno poco — 2. A .... entendedor ...., ... palabras .... bastan significa que a una persona inteligente o a un .... amigo .... solo tienes que decirle .... cosas .... y te entiende.

grande bueno — 3. Detrás de un .... hombre........., hay una .... mujer......... se puede también decir que detrás de una .... mujer .... hay un .... hombre .... porque el significado es que el .... éxito .... siempre depende de una .... relación entre la pareja.

grande bueno malo — 4. A .... hambre ...., no hay pan duro significa que en .... momentos de .... necesidad .... se acepta lo que se encuentra sin pensar que no es lo suficientemente ....

☐ 🙂 ☐ 😐 ☐ ☹

3 **¿Qué me quieres decir? Lee las frases y tacha el adjetivo que no dice lo mismo que la primera frase.**

1. Pepa está triste, muy triste. → "Pobre chica pobre."
2. José es un hombre muy bueno y ayuda mucho. → "Juan es un gran hombre grande."
3. La ciudad de Toledo tiene más de 2000 años de historia. → "Hay muchos antiguos edificios antiguos."
4. El Greco, Velázquez, Goya, Picasso son pintores muy famosos → "Son grandes artistas grandes."
5. *Dolor y Gloria* es la última película de Almodóvar. → "Esa es la nueva película nueva de Almodóvar."
6. Luis no tiene trabajo y no puede pagar nada. → "Un pobre hombre pobre."
7. Prefiero preparar y comer bocadillos o sopas. → "Simple comida simple."
8. Agustín Luengo, nacido en 1849 en Extremadura, medía 2,35 metros. → "Un gran hombre grande."
9. Preparar una tortilla es muy fácil. → "Una simple receta simple."
10. Hay que tener mucho cuidado con la posición de estos adjetivos. → "La simple posición simple cambia el significado."

☐ 🙂 ☐ 😐 ☐ ☹

CHECK-OUT «‹

Mache jetzt den **Online-check-out** mit der **Klett-Augmented-App** oder am **Computer.**

☐ 0 Fehler? Super, jetzt kannst du's!

☐ Nicht alles richtig? Bald kannst du's!
Mache jetzt noch die **zusätzlichen Repaso-Übungen.**

3. Posesivos e indefinidos // Possessiv- und Indefinitpronomen

CHECK-IN >>>

Mache zuerst den **Online-check-in** mit der **Klett-Augmented-App** oder am **Computer** (die Erklärungen findest du auf Seite 2).

1 **Lee la frase y marca los pronombres indefinidos.**

2 **a. Escribe la misma frase sustituyendo "PALABRAS" por amigos.**

....

b. ¿Qué significan los pronombres indefinidos marcados en 1 en alemán?

....

Los adjetivos posesivos

	posesivo masculino	posesivo femenino
yo	mi pantalón	.... falda
tú	.... pisos	tu casa
ella / él / usted	.... armario	.... sillas
nosotros / nosotras	.... amigo	nuestras amigas
vosotras / vosotros	.... tíos	.... tía
ellas / ellos / ustedes	sus perros	.... gata

Posesivos e indefinidos

El posesivo en su uso como pronombre

Es mi pantalón	→ Es mío.	→ Es el mío.
Son tus chaquetas.	→ Son	→ Son las tuyas.
Es su falda.	→ Es suya.	→ Es ....
Es nuestra ropa.	→ Es	→ Es ....
Son vuestros abrigos.	→ Son vuestros.	→ Son ....
Son sus zapatos.	→ Son	→ Son ....

Mit *ser* + *Possessivpronomen* gibt man den Besitz an: „mir gehört", „dir gehört", etc.

ser + ... + *Possessivpronomen* wird zur Identifikation einer Sache unter mehreren verwendet: „Die sind meine", „das ist deins", etc.

Los indefinidos „algún" y „ningún"

algún / alguna / algunos / algunas / ningún / ninguna

– ¿Tienes .... idea?
– No, no tengo .... idea.
– Pero yo sí, yo tengo .... ideas.

– ¿Tienes .... examen?
– No, no tengo .... examen.
– Pues yo sí, yo tengo .... exámenes.

! Wird das Substantiv nicht genannt, lauten die Pronomen Singular maskulin *alguno* und *ninguno*:
– ¿Tienes algún problema?
– No, no tengo ninguno. (= No, no tengo ningún problema.)

! Die Begleiter *alguno* und *ninguno* werden zu *algún* und *ningún*, wenn sie nach / vor dem Substantiv Singular stehen.
Im Singular / Plural bedeutet der Begleiter „irgendeiner, -e, -es".
Im Singular / Plural hat der Begleiter die Bedeutung „einige".

1 Completa con el adjetivo posesivo.

1. Yo: .... pueblo
2. Yo: .... ciudad
3. Ella: .... casa
4. Él: .... padres
5. Vosotros: .... profesora
6. Tú: .... paquete
7. Nosotros: .... patatas
8. Ustedes: .... números de móvil
9. Teresa: .... jersey
10. Teresa: .... macedonia
11. Juan y yo: .... aula
12. El libro: .... página

☐ ☺ ☐ 😐 ☐ ☹

2 Escribe las frases usando el pronombre posesivo.

Ejemplo: Esas son mis fotocopias. → Son mías.

1. Ese es nuestro desayuno. → ....
2. Esos son tus deberes. → ....
3. Esa es la cámara de Juan. → ....
4. Ese es vuestro piso. → ....
5. Esa es la casa de Paola y Dunia. → ....

☐ ☺ ☐ 😐 ☐ ☹

3 Completa el diálogo con los indefinidos.

Orlando: ¡Hola Daniel! ¿Tienes .... aspirina o .... pastilla para el dolor de cabeza?

Daniel: Sí, creo que tengo .... en mi piso.

Orlando: ¿Y tienes .... bebida fría?

Daniel: Sí, claro que tengo ....

Orlando: ¡Qué bien! ¿Hay .... persona en tu piso ahora?

Daniel: No, creo que no. ¿Te pasa algo?

Orlando: Pues, no.

Daniel: ¿Has encontrado .... piso?

Orlando: No, no he encontrado ....

Daniel: ¡Qué mala suerte! ¿.................. amigo tuyo puede ayudarte?

Orlando: No, ... ha podido encontrar piso tampoco.

Daniel: ¿Has puesto .... anuncio en el periódico?

Orlando: Sí.... Pero la verdad es que ya no tengo .... esperanza.

Daniel: Pues, creo que puedo ayudarte con .... buenas ideas.

Orlando: Creo que no existe .... idea más; pero gracias.

☐ ☺ ☐ 😐 ☐ ☹

CHECK-OUT «‹

Mache jetzt den **Online-check-out** mit der **Klett-Augmented-App** oder am **Computer.**

☐ 0 Fehler? Super, jetzt kannst du's! ☐ Nicht alles richtig? Bald kannst du's! Mache jetzt noch die **zusätzlichen Repaso-Übungen.**

3.3 Los adjetivos numerales // Zahlen

CHECK-IN

Mache zuerst den **Online-check-in** mit der **Klett-Augmented-App** oder am **Computer** (die Erklärungen findest du auf Seite 2).

1 **Refranes. Lee los refranes en español y busca en la columna derecha su significado en alemán.**

1. Primero es la obligación que la devoción.
2. No hay mal que cien años dure.
3. Ahogarse en un vaso de agua.
4. Ser un cero a la izquierda.
5. Amor a primera vista.
6. Echar una mano.

a. Eine Null sein.
b. Alles hat ein Ende.
c. Jdm zur Hand gehen.
d. Liebe auf den ersten Blick.
e. Erst die Arbeit, dann das Vergnügen.
f. Wegen jeder Kleinigkeit den Mut verlieren.

2 **Ahora marca en los seis refranes en español los números ordinales (uno, dos, tres, etc) y los cardinales (primero, segundo, etc.). ¿Cómo funcionan? Completa la tabla:**

	femenino		masculino	
Números encontrados	singular	plural	singular	plural

Los números ordinales

0	cero
21	veintiuno
28	....
33	....
62	sesenta y dos
86	....

100	cien
101	....
115	....
209	doscientos nueve
330	....
580	....

1000	....
1042	mil cuarenta y dos
1903	....
2200	....
13000	....
60000	....

Los números cardinales hasta 10°

1° / 1ª	primero / primera
2° / 2ª	segundo / ....
3° / 3ª	.... / tercera
4° / 4ª	.... / ....
5° / 5ª	quinto / ....

6° / 6ª	.... / ....
7° / 7ª	.... / séptima
8° / 8ª	.... / ....
9° / 9ª	noveno / ....
10° / 10ª	.... / ....

Los adjetivos numerales

Antes de un sustantivo

números terminados en 1

1 € = un euro
31 € = ... euros
81 € = ochenta y un euros

1 £ = una libra
31 £ = treinta y una libras
81 £ = ... libras

Bei Zahlen, die auf 1 enden, steht .... vor dem maskulinen und .... vor dem femininen Substantiv.

números a partir de 200

200 £ = doscientas libras
400 € = ... euros
700 £ = ... libras

Ab 200 passt sich cientos/cientas an das Substantiv an.

La preposición „y“ en los números

21 = veintiuno
85 = ...
348 = ...
1012 = mil doce
3066 = ...

Bei den Zahlen steht die Präposition „y“ nur nach den Tausender- / Hunderter- / Zehner- / Einerzahlen.

Primer y tercer

primer / primero

Hoy es el .... día del mes.
Hoy es el día .... del mes.

tercer / tercero

Hoy es el .... día del m
Hoy es el día .... del mes

1 Matemáticas en español

a. Escribe el resultado en letras

1. *tres + dos = ...*
2. *siete x tres = ...*
3. *tres x cinco = ...*
4. *doscientos – quince = ...*
5.  *= .... tortugas*
6.  *= .... helados*

b. La competencia. ¿Quién gana?

7.  *(4kms/h)*  *(40kms/h)*  *(48kms/h)*

8. *El perro es el ...., el conejo es el .... y la tortuga la ....*

☐ 🙂 ☐ 😐 ☐ ☹

2 Completa con los números en letras.

 .... vestido

91 € El vestido cuesta

.... euros

Tú tienes .... euros.

Si compras el vestido, te quedan

.... euros.

 .... falda

La falda cuesta

51 £ .... libras.

300 £ Tú tienes .... libras.

Si compras la falda, te quedan

.... libras.

☐ 🙂 ☐ 😐 ☐ ☹

3 ¿Qué fecha es?

1. *El (1.1.2021) .... de enero de .... fue el primer día del año 2021.*
2. *El (3.10.) .... de octubre es el día de la Unidad Alemana.*
3. *El Día de Reyes es el (6.1.) .... de enero.*
4. *El Día del Trabajo es el (1.5.) .... de mayo.*
5. *El día de la Hispanidad es el (12.10.) .... de octubre.*

☐ 🙂 ☐ 😐 ☐ ☹

CHECK-OUT

Mache jetzt den **Online-check-out** mit der **Klett-Augmented-App** oder am **Computer.**

☐ 0 Fehler? Super, jetzt kannst du's!

☐ Nicht alles richtig? Bald kannst du's!
Mache jetzt noch die **zusätzlichen Repaso-Übungen.**

3.4 El comparativo y el superlativo // Komparativ und Superlativ

CHECK-IN

Mache zuerst den **Online-check-in** mit der **Klett-Augmented-App** oder am **Computer** (die Erklärungen findest du auf Seite 2).

1 Mira el cómic y subraya el comparativo.

2 ¿Por qué la chica no quiere subir una foto de su perro?

Completa las tablas de acuerdo con los símbolos.

El comparativo con adjetivos

(+) El libro es .... antiguo .... la peli.

(–) La peli es .... antigua .... el libro.

(=) La peli es .... antigua .... el libro.

El comparativo con sustantivos

(+) El libro tiene .... años .... la peli.

(–) La peli tiene .... años .... el libro.

(=) La peli tiene .... años .... el libro.

! Denke an die Angleichung in Numerus und Genus des Adjektivs!

El superlativo con adjetivos

(+) Es el libro .... antiguo .... mi casa.

(–) Es la peli .... interesante .... todas.

El comparativo y el superlativo

El comparativo y superlativo irregular

Esta peli es (más buena =) .... que esa.

Es el (más malo =) .... libro que he leído.

Die Steigerung von *bueno* und *malo* lautet ....

und .... Sie stehen meistens vor dem Nomen.

El superlativo con -ísimo

El libro es...	La ciudad es...
malo -> malísimo	tranquila -> ....
difícil ->	rica -> ....
largo ->	antigua -> ....

Achte auf die Akzent-und Orthographieregeln.
Das Adjektiv *antiguo* ist unregelmäßig und wird zu

....

El comparativo con números

El libro tiene menos ______ cien páginas

La película tiene más ______ un óscar.

Beim Vergleich wird *de / que* verwendet, wenn danach Zahlen stehen.

1 **Tu perro es mucho más gracioso que el mío. Completa las frases para comparar. La chica de la izquierda habla.**

a) *Tu perro hace (+) .... cosas .... el mío.*
b) *Tu perro es (=) .... grande .... el mío.*
c) *Tu perro es (–) .... tranquilo .... el mío.*
d) *Mi perro tiene (=) .... años .... el tuyo.*
e) *Mi perro es (–) .... interesante .... el tuyo.*
f) *Tu perro es (=) .... pequeño .... el mío.*

2 **¿Cuál es el ganador? Escribe la frase en superlativo con *más* debajo del perro indicado.**

aburrido · divertido · deportista · malo · bueno · loco · tranquilo · gracioso

Este perro es el más .... *(de los dos).*
....
....

Este perro es ....
....
....

3 **Mi perro es incomparable**

De regreso a casa Laura piensa que su perro no tiene comparación con ningún otro perro en el mundo y le dice solo adjetivos con *-ísimo*: Fifi no eres inteligente, eres inteligentísimo.

No eres precioso, eres ....
No eres tranquilo, eres ....
No eres bueno, eres ....
No eres vago, eres ....

4 **Instagram. Completa las frases con *de* o con *que*.**

Instagram existe desde hace más ...... diez años. Tiene más ......400 millones de usuarios. Es más usada ...... muchas otras redes sociales. Cristiano Ronaldo tiene más seguidores ...... nadie. Tiene más ...... 250 millones de seguidores. Pero Fifi no tiene más seguidores ...... el otro perro.

CHECK-OUT

Mache jetzt den **Online-check-out** mit der **Klett-Augmented-App** oder am **Computer.**

☐ 0 Fehler? Super, jetzt kannst du's!
☐ Nicht alles richtig? Bald kannst du's! Mache jetzt noch die **zusätzlichen Repaso-Übungen.**

4.1 El comparativo y el superlativo // Komparativ und Superlativ

CHECK-IN

Mache zuerst den **Online-check-in** mit der **Klett-Augmented-App** oder am **Computer** (die Erklärungen findest du auf Seite 2).

1 Lee y mira los dos memes. Subraya las preposiciones.

2 Responde a las preguntas.

¿Conoces estas situaciones? ....

¿Cómo te sientes en las dos situaciones? ....

¿Tu mamá cuenta tus cosas personales? ¿Delante de quién? ....

¿Cómo te sientes el lunes por la mañana? ....

¿Cuándo estás muy cansado/a normalmente? ....

Las preposiciones *a*, *de* y *en*

a / de / en

Vamos .... Inglaterra.
Vamos a viajar .... tren.
Estoy .... la farmacia.
Voy .... hablar con mi hermana.
¿......... quién es el abrigo?
No veo .... Juan.
Bea nació el uno .... febrero .... 2009.
Ahora son las tres .... la tarde.

Mit der Präposition ...... wird Besitz angezeigt oder das Datum und die Uhrzeit angegeben.

Mit der Präposition ...... wird die Richtung angegeben, ein *objeto directo* als Person identifiziert oder das Futur mit *ir* gebildet.

Mit der Präposition ...... wird der Ort oder das Transportmittel angegeben.

! Man sagt *ir en tren, en autobús, en coche...*, aber *ir a pie* und *ir a caballo*!

Tipp

Die Präposition *a* beantwortet die Frage wohin?, *en* die Frage *wo*? und *de* die Frage *woher*?

Las preposiciones

¿Preposición o adverbio?

Escribe la preposición *de* si es necesaria.

Vivo cerca ...... la catedral.
Cerca ...... hay una panadería.
Tú vas delante ...... y yo detrás ......, ¿vale?
Delante ...... la casa hay un árbol.
Yo vivo detrás ...... la farmacia.
Después ...... la fiesta fui a casa.
Y después ...... me dormí.

Die Wörter *cerca, delante, detrás* und *después* sind Präpositionen / Adverbien und werden ohne *de* verwendet. Stehen sie vor einem Substantiv und werden sie als Präpositionen / Adverbien verwendet, dann brauchen sie ein *de*.

Las preposiciones *por* y *para*

para / por

He comprado este libro ...... Sonia.
...... la mañana hace mucho frío.
Doy un paseo ...... el parque.
No te visito ...... falta de tiempo.
He enviado un e-mail ...... Internet.

Mit der Präposition ...... wird der Empfänger einer Handlung angegeben. Mit ...... wird der Grund einer Handlung, eine Tageszeit oder ein Kommunikationsmitte angegeben. Ebenfalls wird ...... nach Verben der Bewegung *(andar, pasar, pasear...)* verwendet.

Tipp

Bei bestimmten Sätzen kann man je nach Sprechabsicht *por* oder *para* verwenden.
Este restaurante es muy caro ***por*** *los turistas.* → Es ist teuer **wegen** der Turisten, weil viele dort essen.
Este restaurante es muy caro ***para*** *los turistas.* → Es ist teuer **für** die Turisten, sie wollen nicht so viel Geld ausgeben.

Schau dir jetzt das Lernvideo über den Unterschied zwischen Präpositionen und Adverbien an.

1 **Completa las frases con una de las palabras. Puedes usar las palabras varias veces.**

bicicleta **instituto** **cama** **mi padre** **coche** **el baño** **instituto** **enero** **mañana** **quién** **2022** **mi hermana**

*Hoy, lunes 15 **de** .... **de** ... . **a** las 7 **de la** ...., me despierto temprano porque tengo que ir **al** .... Siempre voy **en** ...., pero hoy mi padre me lleva **en** su .... Son las 7:30 y todavía estoy **en** .... Veo **a** .... que está casi listo para salir. Ahora mi hermana está **en** .... ¿Qué hacer? ¿**De** .... es la culpa de que el baño esté ocupado? ¡**De** ...., claro! Son las 7:45 y mi hermana sigue **en** .... y mi padre ya está **en** su .... ¡Al final, mi padre se va sin mí y yo me voy **en** .... y llego tarde!*

☐ 🙂 ☐ 😐 ☐ ☹

2 **Decide si es un adverbio sin "de" o una preposición con "de". Tacha todos los "de" incorrectos.**

Hoy me levanté y *después de*, me vestí y salí de casa a comprar el pan en una panadería que está *delante de* mi casa. *Después de*, fui a comprar café a un supermercado que queda *detrás de* la panadería. Como el quiosco también está *cerca de*, fui rápido a comprar el periódico. *Delante de* mi puerta me encontré con una vecina que me contó muchas cosas interesantes. *Después de* una hora, volví a casa. Lamentablemente, mi familia ya había desayunado.

☐ 🙂 ☐ 😐 ☐ ☹

3 **Completa las frases cortas con *por* o *para* y únelas con el final apropiado. Puede haber varias posibilidades.**

Como paella los domingos	el parque.
Me gusta pasear	ti.
Hoy tengo que estudiar	el mal tiempo.
Te envié la información	viajar.
Tengo mucho tiempo	tu cumpleaños.
Hoy no he salido	tu casa.
Estoy haciendo un pastel	correo electrónico.
Hoy ha pasado	Latinoamérica.
Aprendo español	la tarde.
Quiero viajar	mis exámenes.

☐ 🙂 ☐ 😐 ☐ ☹

CHECK-OUT <<<

Mache jetzt den **Online-check-out** mit der **Klett-Augmented-App** oder am **Computer.**

☐ 0 Fehler? Super, jetzt kannst du's! ☐ Nicht alles richtig? Bald kannst du's! Mache jetzt noch die **zusätzlichen Repaso-Übungen.**

4.2 Los adverbios // Adverbien

CHECK-IN >>>

Mache zuerst den **Online-check-in** mit der **Klett-Augmented-App** oder am **Computer** (die Erklärungen findest du auf Seite 2).

1 **Lee el cómic. Marca los adjetivos en rojo y en verde los adverbios.**

2 **Completa las frases según el cómic.**

a) La madre piensa que Ana ....

b) La madre piensa que los sistemas de almacenaje ....

c) Ana piensa que su madre ....

Los adverbios *bien* y *mal*

Julio canta muy bien / bueno.
Julio es un bien / buen cantante.

Rosa ha escrito una mal / mala redacción.
Rosa escribe mal / mala.

Bien und *mal* beziehen sich auf eine Handlung, auf ein Verb/Substantiv, und sind deswegen Adverbien.

Buen(o), buena und *mal(o), mala* beziehen sich auf ein Verb/Substantiv und sind deswegen Adjektive.

Tipp

Auf Seite 16 wird der Unterschied zwischen *buen/mal* und *bueno/malo* erklärt!

Los adverbios

Los adverbios terminados en *-mente*

adjetivo	*adverbio en -mente*	*adjetivo*	*adverbio en -mente*
correcto,-a	*correctamente*	*fácil*	*fácilmente*
seguro,-a	*segur*	*difícil*	....
perfecto,-a	*perfect*	*increíble*	....
normal	*normal*	*rápido,-a*	....

Um Adverbien zu bilden, wird (falls im Genus unterschieden wird) die Endung *-mente* an die feminine/maskuline Singularform des Adjektivs angehängt.
Trägt das Adjetiv einen Akzent, wird das Adverb auf *-mente* ohne / ebenfalls mit Akzent geschrieben.

Mi hermana Teresa es muy .... → **lenta**
Mi hermana Teresa camina .... → **lentamente**

Tu amiga Caterina es .... — **increíblemente**
Tu amiga Caterina canta .... bien. — **increíble**

Mi primo Rodrigo es una persona .... — **tranquilamente**
Mi primo Rodrigo hace todo .... — **tranquila**

.... mi tío Felipe se levanta a las ocho. — **normalmente**
Mi tío Felipe se levanta a una hora .... — **normal**

Tipp

Nach einem **Adverb** fragt man *wie*?: **Wie** singt sie?, Wie schnell fährt das Auto?, Wie geht's ihr?, usw.
Um ein **Adjektiv** zu erkennen, fragt man **wie ist** *er/sie/es*?: Wie war der Aufsatz?, Wie ist der Film?

1 **¿A qué se refiere la palabra en negrita? Marca con una flecha y escoge la respuesta correcta.**

Ejemplo:

Este libro explica **bien/~~bueno~~** la gramática. Es un **~~bien~~/buen** libro.

1. ¿Cómo estás? – Estoy bien/bueno, gracias.
2. Hoy hace mal/malo tiempo.
3. Hablo y escribo bien/bueno inglés; pero hablo y escribo mal/malo francés
4. Estoy leyendo un bien/buen libro.
5. La comida está muy bien/buena.
6. Es que Andrés cocina bien/bueno.
7. Me gusta cantar; pero canto mal/malo.
8. Esa canción es muy bien/buena.

☐ ☐ ☐

2 **Transforma los siguientes adjetivos en adverbios en *-mente*.**

lógica → ....
actual → ....
cómodos → ....
continuo → ....
posible → ....
normal → ....
próximo → ....
seria → ....
finales → ....
última → ....

☐ ☐ ☐

3 **Lee las dos frases cada vez y decide si va con adjetivo o con adverbio.**

1. a) Esa es una película ....
b) ...., mucha gente ve esa película.
2. a) Recuerda que tienes que llegar ....
b) No hay problema, yo soy una persona ....
3. a) Entra y siéntate ....
b) Este es el sofá más ....
4. a) García es un apellido .... en España.
b) En Latinoamérica se escucha ...., también.
5. a) Responde .... a todas las siguientes preguntas.
b) Tienes solo una respuesta .... de diez.

actual
actualmente

puntual
puntualmente

cómodo
cómodamente

frecuente
frecuentemente

correcta
correctamente

☐ ☐ ☐

CHECK-OUT <<<

Mache jetzt den **Online-check-out** mit der **Klett-Augmented-App** oder am **Computer.**

☐ 0 Fehler? Super, jetzt kannst du's!
☐ Nicht alles richtig? Bald kannst du's! Mache jetzt noch die **zusätzlichen Repaso-Übungen.**

5.1 El presente de indicativo // Präsens

CHECK-IN

Mache zuerst den **Online-check-in** mit der **Klett-Augmented-App** oder am **Computer** (die Erklärungen findest du auf Seite 2).

1 **Mira el cómic y marca todos los verbos que están en presente.**

Vocabulario: **decí *(LA, voseo)*** = esp. di, sag/sprich – **los destrabalenguas** Zungenbrecher – **tomés *(LA, voseo)*** = esp. tomes (tomar), halten

2 **Haz una tabla en tu cuaderno y escribe los verbos marcados en el ejercicio anterior. Completa la persona en que están estos verbos y su infinitivo.**

persona	verbo en presente	infinitivo
	vengo	

3 **Ahora marca de otro color los verbos *saber* y *poder*. Tradúcelos al alemán.**

Los tiempos verbales *(Zeiten)*

Escribe los verbos en el grupo correcto.

acostar(se) cerrar contar dormir pensar preferir entender repetir vestir(se) volver

	Verbo modelo	Otros verbos
e/ie	querer: quiero, queremos	*cerrar,* ....
o/ue u/ue	poder: puedo, podemos jugar: juego, jugamos	
e/i	pedir: pido, pedimos	

Verbos con primera persona irregular *(unregelmäßig)*

Escribe la forma correcta de „yo".

coger → ....

dar → ....

decir → ....

hacer → ....

(pro)poner → ....

saber → ....

salir → ....

tener → ....

conocer → ....

traducir → ....

elegir → ....

proteger → ....

-ger -cir -cer -gir

Endet ein Verb auf .... oder .... , wird die erste Person Singular mit *-zco* gebildet.

Endet ein Verb auf .... oder ...., wird die erste Person Singular mi *-jo* gebildet.

Presente de indicativo

Los verbos *saber* y *poder*

Elige el verbo correcto.

Hoy no sé / puedo ir al parque. Tengo que estudiar.

No sé / puedo hablar alemán, nunca lo he estudiado.

Yo sé / puedo ir en bicicleta, pero hoy no sé / puedo porque he dejado mi bici a mi hermana.

saber poder

Mit .... redet man über Fähigkeiten, die man gelernt hat.

Man verwendet .... , wenn äußere Umstände etwas verhindern oder erlauben.

1 **Completemos la tabla. En el ejercicio 2 de Mafalda encontraste los verbos de la tabla. Ahora conjúgalos en todas las personas. ¿Cuáles de ellos se conjugan de igual forma?**

	venir	poder	tener	saber
yo	*vengo*			
tú				
él/ella/usted				
nosotros				
vosotras				
ellos/ellas/ustedes				

☐ 🙂 ☐ 😐 ☐ 🙁

2 **¿Qué sabes hacer tú? Marca con una x las cosas que sabes hacer tú.**

sé	no sé		sé	no sé	
☐	☐	conducir	☐	☐	bailar
☐	☐	hablar alemán	☐	☐	jugar al tenis
☐	☐	improvisar	☐	☐	nadar
☐	☐	la diferencia entre *saber* y *poder*	☐	☐	tocar un instrumento

☐ 🙂 ☐ 😐 ☐ 🙁

3 **Saber no es poder. Tacha la respuesta incorrecta.**

1. María **sabe/puede** nadar; pero ahora no **sabe/puede** porque no tiene tiempo.
2. Mi padre no **sabe/puede** jugar al tenis porque se ha torcido un pie.
3. Los chicos no **saben/pueden** ir de vacaciones porque no tienen dinero.
4. Sin gafas no **sé/puedo** ver nada, nada.
5. Mafalda **sabe/puede** a qué jugar.
6. Yo **sé/puedo** hacer una paella buenísima. Si quieres, **sabes/puedes** venir esta noche y te hago una.
7. **Sabemos/Podemos** hablar alemán; pero ahora no **sabemos/podemos** porque estamos en clase de español.
8. La amiga de Mafalda **sabe/puede** quedarse con Mafalda y jugar.
9. **¿Sabes/Puedes** decir *"En tres platos de trigo comen tres tigres trigo"* sin equivocarte?
10. **Sabemos/Podemos** hacer todos estos ejercicios sin problema porque **sabemos/podemos** las reglas.

☐ 🙂 ☐ 😐 ☐ 🙁

CHECK-OUT «

Mache jetzt den **Online-check-out** mit der **Klett-Augmented-App** oder am **Computer.**

☐ 0 Fehler? Super, jetzt kannst du's!
☐ Nicht alles richtig? Bald kannst du's! Mache jetzt noch die **zusätzlichen Online-Übungen.**

5.2 Tiempos del pasado en el indicativo // Zeiten der Vergangenheit

CHECK-IN >>>

Mache zuerst den **Online-check-in** mit der **Klett-Augmented-App** oder am **Computer** (die Erklärungen findest du auf Seite 2).

1 **Lee la fábula de Esopo** *(Äsop)* **y marca abajo los dichos alemanes que dan la idea de su contenido.**

LA GALLINA Y LOS HUEVOS DE ORO

Había una vez un hombre con una gallina que
cada día ponía un huevo de oro.
El hombre creyó que dentro de la gallina
había mucho oro;
por eso, la mató.
Pero entonces vio que por dentro
era igual que las demás gallinas.
De modo que se quedó sin el huevo
que cada día le regalaba la gallina.

"ES BUENO CONTENTARSE CON LO QUE SE TIENE"

a. Es ist nicht alles Gold, was glänzt.
b. Lieber den Spatz in der Hand als die Taube auf dem Dach.
c. Ein blindes Huhn findet auch mal ein Korn.
d. Bescheiden Glück kommt alle Tage.
e. Perlen vor die Säue werfen.
f. Einem geschenkten Gaul schaut man nicht ins Maul.

2 **Todo pasó en el pasado.**

Marca los indefinidos en lila y los imperfectos en rojo.

3 **¿Qué pasó exactamente?**

1. Responde a las preguntas del policía. ¿Qué hizo el hombre un día con la gallina?
2. ¿Qué hacía la gallina todos los días antes de su muerte?
3. ¿Cómo eran los huevos?
4. ¿Cómo era la gallina antes y después de su muerte?
5. ¿Cómo fue el fin de la historia del hombre y su gallina?

El pretérito perfecto

Escribe los verbos con participio irregular en la forma „yo".

abrir ....
decir ....
escribir ....
hacer ....
poner ....
proponer ....
romper ....
ver ....
volver ....

El pretérito indefinido

Completa las tablas del indefinido irregular.

estar	estuv-	e
querer	....	iste
poder	....	o
poner	....	imos
saber	....	isteis
tener	....	ieron
venir	....	

	yo	usted
ser	fui	....
hacer	....	....
dar	....	....
ver	....	....
ir	....	....

pedir (preferir, servir...)	pedí	pidió
dormir (morir)	....	....
creer (leer, oír, destruir...)	....	....
llegar (pagar, obligar...)	....	....
empezar (comenzar, abrazar...)	....	....
conducir (producir, introducir...)	....	....
sacar (buscar, explicar...)	....	....

El pretérito imperfecto

Nur die Verben .... , ... und .... sind unregelmäßig. Das *pretérito imperfecto* lautet in diesen Fällen *era*, *iba* und *veía*.

Los tiempos del pasado

El pretérito pluscuamperfecto

pretérito imperfecto *pretérito perfecto*

Für die Bildung des pretérito *pluscuamperfecto* verwendet man das Verb *haber* im .... und dieselben Partizipien wie im ....

En acciones aisladas

iba **ha ido** **había ido** **fue**

Esta mañana Lucas .... al zoo.

Ayer Lucas .... al zoo.

Cada día Lucas .... al zoo.

Me encontré con Lucas. Antes .... al zoo.

imperfecto / indefinido / perfecto / pluscuamperfecto

Die Handlung…
… hat einen Bezug zur Gegenwart: ....
… ist ganz abgeschlossen: ....
… ist eine Gewohnheit: ....
… drückt eine Vorvergangenheit aus: ....

! Signalwörter helfen dir, das richtige Tempus zu verwenden. Ordne sie zu.

p. perfecto: esta semana, ...

p. imperfecto: ....

p. indefinido: ....

antes, ayer, el año pasado, en 2020, esta semana, hoy, normalmente, nunca, todavía no, todos los días

En acciones combinadas

¿Imperfecto/indefinido/pluscuamperfecto?

- **Lucas primero fue / iba al zoo y después fue / iba a casa de Marina.**

  ↓↓ Zwei Handlungen folgen zeitlich aufeinander: ....

- **Marina no fue / iba al zoo porque no tuvo / tenía dinero.**

  ↓→ Eine Handlung dauert länger oder bildet den Rahmen für eine andere:

  Handlung (→): .... Die Hauptaktion (↓): ....

- **Mientras Lucas y Marina cenaron / cenaban, miraron / miraban las fotos de animales.**

  → → Der Sprecher hält beide Handlungen für simultan und gleich lang: ....

- **Miraban las fotos que Lucas sacaba / había sacado por la tarde.**

  ↓→ Die Handlung bezieht sich auf eine weiter zurückliegende Vergangenheit: ....

Uso del pasado

Verbos que cambian el significado (Bedeutung) en alemán

Ya conocía esta ciudad.	bekommen
Conocí a mi novia en una fiesta.	erfahren
¿Sabías que Lima está en Perú?	haben
Ayer supe cuándo es el examen.	kennen
José tenía una película muy buena.	kennenlernen
Ana tuvo ganas de comer chocolate.	wissen

Im Lernvideo erfährst du, welche unterschiedlichen Aussagen du durch die Verwendung von ***indefinido*** oder ***imperfecto*** machst.

1 **Pon los verbos de la fábula en la tabla y completa los otros tiempos en la misma persona.**

pretértio perfecto	indefinido	imperfecto	pluscuamperfecto
		había	

☐ ☐ ☐

2 **Escribe las palabras clave que te ayudan a usar el tiempo correcto en el lugar indicado.**

Pretérito perfecto	
Imperfecto	**Indefinido**

esta semana · antes · la semana pasada · ayer · hoy · nunca · todavía no

Completa con el verbo *hacer* en el tiempo correcto:

1. Ayer Javier .... un pastel delicioso. 2. Antes yo también .... buenos pasteles.
3. Hoy .... buen tiempo. 4. Todavía no .... mis deberes para mañana.
5. La semana pasada nosotros no........... nada especial. 6. Nunca .... nada prohibido.

☐ ☐ ☐

3 **Completa las frases según el sentido.**

1. La gallina cada día ponía un huevo de oro; pero ayer .... dos.
2. Antes siempre íbamos de vacaciones a Italia; pero el verano pasado .... a España.
3. Ayer por la noche .... tortilla; pero normalmente como algo rápido.
4. El domingo pasado me .... a las 10, después .... un pan con mermelada y entonces .... a dar un paseo por el parque.
5. Como el hombre .... a su gallina, ahora no .... ni huevos ni gallina.
6. ¿Qué .... haciendo cuando te llamé? ¿Y qué .... hoy todo el día?

☐ ☐ ☐

CHECK-OUT

Mache jetzt den **Online-check-out** mit der **Klett-Augmented-App** oder am **Computer.**

☐ 0 Fehler? Super, jetzt kannst du's!

☐ Nicht alles richtig? Bald kannst du's!
Mache jetzt noch die **zusätzlichen Repaso-Übungen.**

5.3 Futuro y condicional // Zukunft und Konditional

CHECK-IN >>>

Mache zuerst den **Online-check-in** mit der **Klett-Augmented-App** oder am **Computer** (die Erklärungen findest du auf Seite 2).

1 **Lee los chistes y marca con un línea la foto que pertenece a cada chiste.**

A

B

C

1. La profesora le pregunta a Jaimito:
   - ¿Qué 5 libros te llevarías a una isla desierta?
   - ¡¡¿TENGO QUE LEER 5 LIBROS?!!
2. Jaimito le pregunta a la maestra:
   - Maestra, ¿usted me castigaría por algo que yo no hice?
   - Claro que no, Jaimito.
   - Ahh, pues qué bueno, porque yo no hice mi tarea.
3. Profesora a un niño de su clase:
   - Juan, tendrías que haber estado aquí a las ocho de la mañana...
   - ¿Por qué? ¿Qué ha pasado?

2 **Ahora subraya los condicionales y después responde a cada pregunta con falso o verdadero.**

		falso	verdadero
1.	(Chiste 1) Jaimito tiene que leer 5 libros.	☐	☐
2.	(Chiste 1) Jaimito quiere leer 5 libros.	☐	☐
3.	(Chiste 1) Jaimito va a ir a una isla desierta.	☐	☐
4.	(Chiste 2) Jaimito no ha hecho ni la tarea ni nada.	☐	☐
5.	(Chiste 2) Normalmente a uno lo castigan por algo que hace.	☐	☐
6.	(Chiste 3) La clase comienza normalmente a las ocho.	☐	☐
7.	(Chiste 3) El niño de la clase ha llegado a las ocho.	☐	☐
8.	(Chiste 3) El niño de la clase piensa que llega a la hora normal.	☐	☐

Expresar futuro con el verbo ir

Completa las formas del verbo *ir*.

Mañana — Elena _ _ — a dormir
Mañana — (nosotros) _ a _ _ s — a dormir
Mañana — ustedes _ a _ — a dormir

Mit *ir* + …… + Infinitiv kann man über Ereignisse oder Pläne in der nahen Zukunft reden.

El futuro

verbos regulares

yo compraré	*nosotras abrir……*
tú conocer……	*vosotras beber……*
usted ir……	*ustedes andar……*

verbos irregulares

decir: vosotras diréis	*poner: usted ……*
hacer: tú ……	*querer: yo ……*
poder: ella ……	*saber: ustedes ……*
salir: nosotros ……	*tener: vosotros ……*
venir: yo ……	*hay: ……*

Futuro y condicional

Tipp

Der unregelmäßige Stamm wird auch bei Verben mit Vorsilbe verwendet: **pondré** → pro**pondré**!

El condicional: formas

verbos regulares

yo trabajaría	*nosotras abrir……*
tú conocer……	*vosotras beber……*
usted ir……	*ustedes andar……*

verbos irregulares

decir: vosotras **diríais**	*querer: yo ……*
poner: tú ……	*usted: venir ……*

Die Endungen des *condicional* entsprechen den Endungen im imperfecto / indefinido der Verben auf *-er/-ir*.

Der Stamm des unregelmäßigen *condicional* entspricht dem Stamm im Futur.

Alle Verbformen im *condicional* tragen einen Akzent auf dem *„í"*.

El condicional: uso

Deberías hacer un regalo a Carla. → (3)
¿Podrías ayudarme?
Me gustaría viajar a Colombia.
Sería posible vivir en un mundo mejor.
Estaría bien cerrar la puerta, ¿no?

(1) Möglichkeit
(2) Vorschlag
(3) Ratschlag
(4) höfliche Bitte
(5) Wunsch

1 **Completa el verbo ir del futuro y después escribe el pronombre personal y el futuro simple.**

Ejemplo: Señor Puyo, ¿**va a trabajar** con nosotros? ¿Usted **trabajará** con nosotros?

1. Alejandra y Pedro …… a ir al cine. …… …… al cine.
2. Fransisca y yo no …… a poder hacer los deberes. …… no …… hacerlos.
3. Víctor …… a venir mañana. …… …… mañana.
4. Carolina y Antonia …… a tener el fin de semana libre. …… no …… que trabajar.
5. ¿Joaquín y tú …… a salir de copas esta noche? ¿…… …… de copas?
6. Ana…… a ir de vacaciones a la playa. …… …… a Andalucía.

☐ ☺ ☐ 😐 ☐ ☹

2 **Condicionales, futuros u otros. Marca con un ⬭ círculo los condicionales y subraya los futuros.**

pondré — haría — abría — tendrá — bebía — saldrán — presenté — comeríamos

☐ ☺ ☐ 😐 ☐ ☹

3 **Completa las frases condicionales y marca su uso.**

	Möglichkeit	Vorschlag	Ratschlag	höfliche Bitte	Wunsch
(Gustar-yo) ………………… aprender muy bien español.					
¡(Deber-tú) ………………… estudiar más!					
(Poder-nosotros) ………………… ver una peli en casa.					
(Encantar-nosotros) ………………… ir a la playa.					
Yo (comenzar) ………………… a hacer deporte hoy mismo.					

☐ ☺ ☐ 😐 ☐ ☹

4 **Mira los tres chistes otra vez. ¿Por qué usan el condicional en cada uno de los chistes? Escribe chiste 1, 2 o 3 al lado del uso.**

Möglichkeit………… Vorschlag………… Ratschlag………… höfliche Bitte………… Wunsch

☐ ☺ ☐ 😐 ☐ ☹

CHECK-OUT

Mache jetzt den **Online-check-out** mit der **Klett-Augmented-App** oder am **Computer.**

☐ 0 Fehler? Super, jetzt kannst du's! ☐ Nicht alles richtig? Bald kannst du's! Mache jetzt noch die **zusätzlichen Online-Übungen.**

5.4 Imperativo // Befehlsform

CHECK-IN

Mache zuerst den **Online-check-in** mit der **Klett-Augmented-App** oder am **Computer** (die Erklärungen findest du auf Seite 2).

1 Mira el árbol de la vida y marca todos los imperativos negativos.

No
pidas
No exijas
No juzgues
No critiques
No interrumpas
No dejes de soñar
No pelees con la gente
No seas malo con nadie
No pienses mal de la gente
No te enfades con tus amigos
No esperes de los demás lo que no
reciben
de ti

2 Ahora escribe los infinitivos de esos imperativos negativos.

....

....

3 ¿Cómo se forma el imperativo negativo?

Si el verbo termina en -ar, ...

Si el verbo termina en -ir, ...

El imperativo afirmativo *(bejahte Befehlsform)*

verbos regulares

	mirar	leer	escribir
tú	*mira*	…………	…………
vosotras	…………	…………	*escribid*

Imperativ von *tú*: entspricht der 1. / 3. Person Singular des Präsens Indikativ. Imperativ von *vosotros, -as*: das *-r* des Infinitivs durch ein …… ersetzt.

	lavarse	comerlo
tú	*lávate*	…………
vosotras	…………	…………

Reflexiv- oder Objektpronomen werden an den Imperativ angehängt. Beim Imperativ von *vosotros,-as* entfällt das …… , wenn das Verb reflexiv ist.

Tipp

Denke an *recuerda* und *recuérdalo*: Die regelmäßigen Imperativformen von *tú* tragen immer einen Akzent, wenn ein Pronomen angehängt wird.

El imperativo afirmativo

verbos irregulares

decir → *di* | *ir* → ……… | *salir* → ……… | *tener* → ………
hacer → ……… | *poner* → ……… | *ser* → ……… | *venir* → ………

Imperativo

La negación

(verneinte Befehlsform)

habla → *no* …………
salid → *no* …………
llámame → *no* …………
duchaos → *no* …………

Der verneinte Imperativ (Singular und Plural) entspricht immer den Formen des *indefinido / subjuntivo*. Objekt- und Reflexivpronomen stehen *vor / nach* dem Imperativ.

De usted y ustedes

Escribe el imperativo del verbo *venir*.

	afirmativo	negativo
usted	…………	*no* …………
ustedes	…………	*no vengan*

Der Imperativ von *usted / ustedes* entspricht der 3. Person Singular bzw. Plural des *pretérito indefinido / subjuntivo*.

1 **Practica las formas del imperativo afirmativo. Pon los verbos del árbol de la vida en imperativo afirmativo de *tú* y de *vosotros*.**

	tú	*vosotros*
pedir		
exigir		
juzgar		
criticar		
interrumpir		
dejar		
pelear		
ser		
pensar		
enfadarse		
esperar		

☐ ☐ ☐

2 **Cambia las frases afirmativas a negativas.**

Esperadme aquí. → No ....

Llámenme por teléfono. → No ....

Hazlo. → No ....

Dúchese. → No ....

Dímelo. → No ....

Póngalo en la mesa. → No ....

Mírenlo. → No ....

Leedlo. → No ....

☐ ☐ ☐

3 **Responde a las preguntas con imperativo.**

¿Os regalo el libro? –Sí, ... – No, ...

¿Les leo el cuento a los niños? –Sí, ... – No, ...

¿Te explico el subjuntivo? –Sí, ... – No, ...

¿Le hago un té a usted? –Sí .... – No, ...

¿Les digo la verdad a ustedes? –Sí, ... – No, ...

☐ ☐ ☐

CHECK-OUT

Mache jetzt den **Online-check-out** mit der **Klett-Augmented-App** oder am **Computer.**

☐ 0 Fehler? Super, jetzt kannst du's!

☐ Nicht alles richtig? Bald kannst du's!
Mache jetzt noch die **zusätzlichen Online-Übungen.**

5.5 Presente de subjuntivo

CHECK-IN

Mache zuerst den **Online-check-in** mit der **Klett-Augmented-App** oder am **Computer** (die Erklärungen findest du auf Seite 2).

1 **Lee el cómic y subraya todos los verbos que estén en subjuntivo.**

2 **Escribe el infinitivo para cada subjuntivo del ejercicio 1.**

3 **¿Por qué están esos verbos subrayados en subjuntivo?**

4 **¿Qué pasó exactamente?**

Verbos regulares *(regelmäßige)*

yo	amar	leer	vivir
tú	ame	le...	viv...
ella	am...	le...	viv...
nosotros	am...	le...	viv...
vosotras	am......	le......	viv......
ellos	am......	le......	viv......
	am......	le......	viv......

-ar -er -ir

Verben, die auf ...... enden: Ein „e" wird an den Stamm angehängt.

Verben, die auf ...... und ...... enden: Ein „a" wird angehängt.

Verbos irregulares *(unregelmäßige)*

	indicativo	subjuntivo
conocer	conozco	→ conozca
poner	....	→ ....
ver	....	→ ....

Der Stamm leitet sich von der 1. / 2. / 3. Person Singular des *presente de indicativo* ab.

sacar	saco	→ ....
jugar	....	→ ....
organizar	....	→ ....

Bei Verben, die auf *–car*, *-gar* und *–zar* enden, musst du auf die Rechtschreibregeln achten.

Presente de subjuntivo

Tipp

Merke dir die veränderte Schreibweise anhand der „yo"-Form des *pretérito indefinido: saqué, jugué, organicé.*

Verbos con diptongación *(Doppelvokal)*

cerrar	preferir	poder	morir
cierre	....	....	muera
....	prefieras	....	....
....	....	pueda	muera
....	....	....	....
....	prefiráis	....	....
cierren	....	puedan	....

Verben mit Diphtongierung *–ie-* und *–ue-:*
Bei welchen Verbformen ist im Stamm nur ein Vokal?

1. / 2./ 3. Person Singular

1. / 2. / 3. Person Plural

Verbos irregulares

Escribe los verbos en la forma *yo*.

dar	haber ....
estar	saber ....
ir	ser ....

Tipp

Bei Verben wie *cerrar, preferir* oder *morir* hilft die 3. Person Singular des *pretérito indefinido: cerró, prefirió, murió.*

En frases sustantivas *(Substantivische Nebensätze)*

¿Qué expresan estos verbos? ¿Se usan con subjuntivo o indicativo?

Es verdad que…	Wunsch	
No creo que…	bejahte Meinung	SUBJUNTIVO
Dudo que…	verneinte Meinung	*verneinte Meinung,*
Me gusta que…	Sicherheit	
Espero que…	Zweifel	INDICATIVO
Me parece triste que…	Empfinden	*Sicherheit,*
Pienso que…	Wertung / Urteil	

Bei que-Sätzen ist der Gebrauch des *indicativo* die Ausnahme und steht nur nach Verben oder Ausdrücken, die …………………… oder …………………… ausdrücken.

Uso del subjuntivo

En frases adverbiales *(Adverbialsätze)*

Completa con *que* si es necesario.

Vengo **para** …… *me ayudes.*
Viene **para** …… *ayudarme.*

Lo hace **sin** …… *pedir permiso.*
Lo hace **sin** …… *yo quiera.*

Haz los deberes **antes de** …… *lleguen mis padres.*
Haz los deberes **antes de** …… *cenar*

Nach para, sin und antes de wird *que + subjuntivo* verwendet, wenn Haupt- und Nebensatz identisches / unterschiedliches Subjekt haben.

Tipp

para que = damit
para + Infinitiv = um … zu

En frases principales *(Hauptsätze)*

Relaciona los elementos.

Es probable que… + *subj.*

Es posible que… + *subj.*

Espero que… + *subj.*

Ojalá… + *subj.*

Quizá / Tal vez…
+ *subj.* / indicativo

Probablemente…
+ *subj.* /indicativo

! *A lo mejor* wird nur mit *indicativo* verwendet:
*A lo mejor te **llamo**.*

Im Lernvideo erfährst du, wann du ***subjuntivo*** verwenden solltest und wann **Indikativ.**

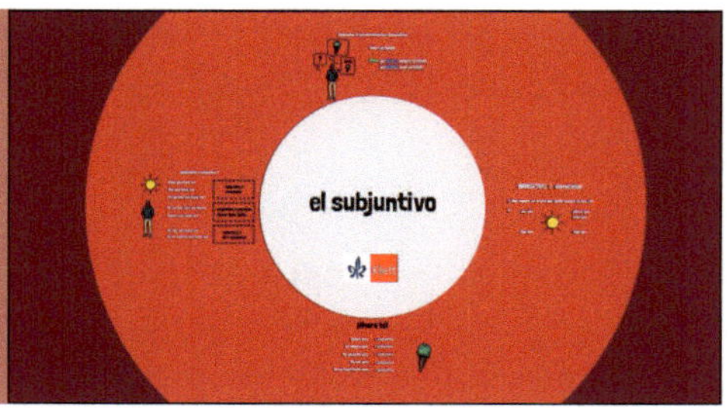

1 **Practica las conjugaciones. Escribe la forma del subjuntivo en la persona indicada.**

1. escribir-tú → ....
2. beber – usted → ....
3. nadar – ellos → ....
4. reír – nosotros → ....
5. dormir – vosotros → ....
6. nacer – ella → ....
7. tener – ellas → ....
8. ir – ustedes → ....
9. dar – yo → ....
10. jugar – nosotros → ....
11. sacar – tú → ....
12. coger – ellos → ....

☐ ☐ ☐

2 **Completa las frases con las siguientes expresiones y tacha la forma incorrecta del verbo *venir*.**

Es cierto que... No opino que... No estoy seguro/a de que... Me molesta que... Deseo que... Es una lástima que... Creo que...

1. (Wunsch) .... vengas / vienes a mi fiesta.
2. (Zweifel) .... vengas / vienes a mi fiesta.
3. (bejahte Meinung) .... vengas / vienes a mi fiesta.
4. (verneinte Meinung) .... vengas / vienes a mi fiesta.
5. (Empfinden) .... vengas / vienes a mi fiesta.
6. (Sicherheit) .... vengas / vienes a mi fiesta.
7. (Wertung / Urteil) .... vengas / vienes a mi fiesta.

☐ ☐ ☐

3 **Indicativo, subjuntivo o infinitivo. Marca en la tabla si la expresión necesita un subjuntivo (S) o un indicativo (I) o infinitivo (INF).**

	S	I	INF
Me parece que			
Imagino que			
Es injusto que			
para que			
Es verdad que			
No digo que			
Me parece bien que			

	S	I	INF
Ojalá			
Nos gusta que			
sin			
Tal vez			
Es raro que			
Antes de que			
A lo mejor			

☐ ☐ ☐

CHECK-OUT

Mache jetzt den **Online-check-out** mit der **Klett-Augmented-App** oder am **Computer.**

☐ 0 Fehler? Super, jetzt kannst du's! ☐ Nicht alles richtig? Bald kannst du's! Mache jetzt noch die **zusätzlichen Online-Übungen.**

5.6 Subjuntivo en el pasado

CHECK-IN

Mache zuerst den **Online-check-in** mit der **Klett-Augmented-App** oder am **Computer** (die Erklärungen findest du auf Seite 2).

1 **Lee las tarjetas. Marca los verbos que estén en el pretérito perfecto del subjuntivo y la expresión que lo introduce.**

2 **¿Por qué crees que han usado el pretérito perfecto y no el presente del subjuntivo en estas tarjetas?**

Formas del pretérito perfecto de subjuntivo

Completa con *que* si es necesario.

yo	*haya*		
tú	*hay......*	*comprado*	
ella	*hay......*	*bebido*	
nosotros	*hay......*	*pedido*	
vosotras	*hay......*	*hecho*	
ellos	*hay......*		

presente de subjuntivo Partizip Perfekt

Das *pretérito perfecto de subjuntivo* besteht aus dem .... von *haber* und dem .... des Verbs.

Manche Verben haben ein unregelmäßiges Partizip Perfekt: *vuelto, dicho, puesto*... s. Seite 37.

Subjuntivo en el pasado

Uso del subjuntivo en el pasado

Escribe las soluciones correctas.

No creo que ahora **llueva.**
No creo que esta noche ....

~~llueva~~
haya llovido

Dudo que Juan .... ya.
Dudo que Juan .... ahora.

esté comiendo
haya comido

Me gusta que me .... siempre.
Me gusta que me .... ayer.

ayudes
hayas ayudado

Das *pretérito perfecto de subjuntivo* wird verwendet, wenn das Verb vor dem *"que" subjuntivo* fordert und der Nebensatz nach dem *que* sich auf die Gegenwart / Vergangenheit bezieht.

Tipp

Auf Seite 48 siehst du, wann ein Verb *subjuntivo* fordert!

Schau dir das Lernvideo zum Gebrauch des ***subjuntivo*** an. Die Regeln zum Gebrauch gelten für alle Zeiten des ***subjuntivo***!

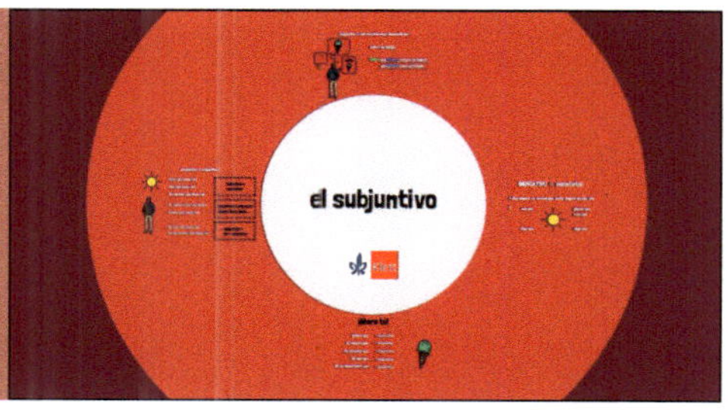

1 **Pon los verbos en el pretérito perfecto del subjuntivo.**

1. múdate → que........................
2. escribió → que........................
3. he puesto → que........................
4. sabían → que........................
5. hice → que........................
6. tuvimos → que........................
7. dijo → que........................
8. abrís → que........................
9. volvimos → que........................
10. murió → que........................

☐ ☐ ☐

2 **¿Ya pasó o va a pasar? Lee las frases con subjuntivo y decide si lo dicho en subjuntivo ya sucedió o si va a suceder.**

1. Ojalá te hayas divertido en la fiesta. ☐ La fiesta ya pasó. ☐ La fiesta va ser el próximo fin de semana.
2. Es muy posible que vayamos a Perú. ☐ El verano pasado. ☐ Este verano.
3. Espero que Juan haya aprobado el examen. ☐ El examen fue ayer. ☐ El examen va a ser hoy.
4. No conozco a nadie que esté en Perú. ☐ En estos momentos. ☐ Alguna vez en el pasado.
5. Me encanta que haya gente de todo el mundo en mi escuela. ☐ Ahora. ☐ Antes.

☐ ☐ ☐

3 **Completa el correo electrónico de cumpleaños atrasado. Puedes usar presente o el pretérito perfecto de subjuntivo.**

A:

De:

Asunto: Cumpleaños

¡Feliz cumpleaños atrasado!

Es muy raro que siempre (olvidar) .... tu cumpleaños y que lo (recordar) .... una semana después. Te deseo que (tener) .... un día lleno de sorpresas y que (comer) .... mucha tarta. Ojalá tus amigos te (regalar) .... muchas cosas bonitas. Espero que el próximo año no lo (olvidar) .... otra vez. Ojalá (poder) .... ir a darte pronto el beso personalmente. Propongo que (ir) .... al cine juntos. ¿O prefieres que (hacer) .... otra cosa?

☐ ☐ ☐

CHECK-OUT

Mache jetzt den **Online-check-out** mit der **Klett-Augmented-App** oder am **Computer.**

☐ 0 Fehler? Super, jetzt kannst du's! ☐ Nicht alles richtig? Bald kannst du's! Mache jetzt noch die **zusätzlichen Online-Übungen.**

5.7 Construcciones verbales // Verbalperiphrasen

CHECK-IN

Mache zuerst den **Online-check-in** mit der **Klett-Augmented-App** oder am **Computer** (die Erklärungen findest du auf Seite 2).

1 **Lee la lista de propósitos para el año nuevo. Marca las construcciones verbales.**

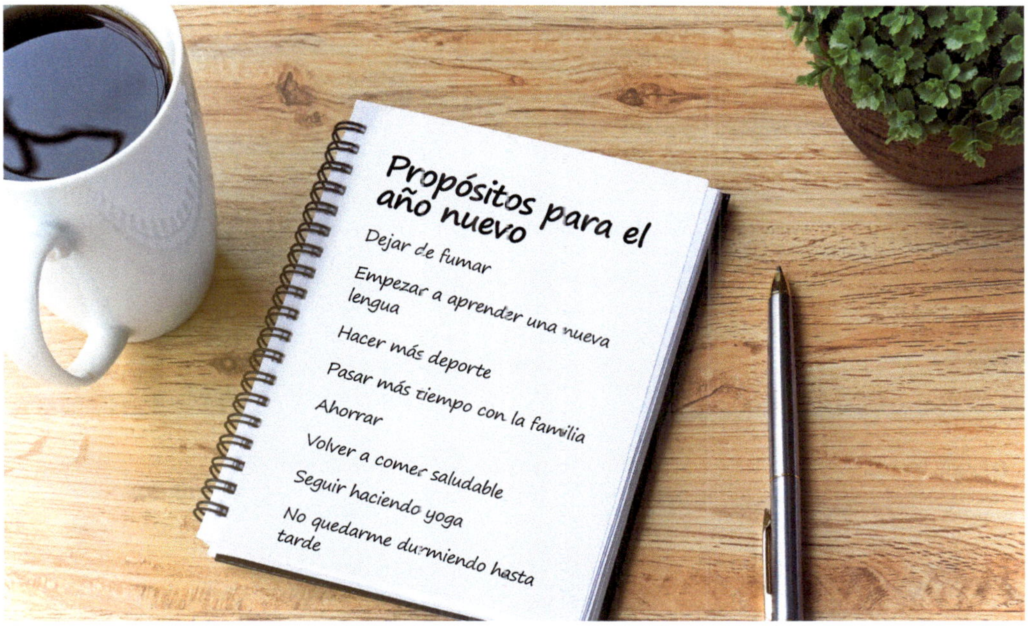

2 **Escribe en la tabla las construcciones marcadas en 1 y marca con una x si lo has hecho, si lo haces o si lo quieres hacer.**

	Lo he hecho	Lo hago	Lo quiero hacer

3 **Escribe 3 propósitos tuyos para los próximos meses usando construcciones verbales.**

....

....

....

Expresar el futuro, un deber *(Pflicht)* y una acción *(Handlung)*

Completa las frases con: a ir – que ir – yendo.

Tengo .... *al médico.*

Voy .... *al médico.*

Estoy .... *al médico.*

Gerundium oder Infinitiv?

Mit *ir a* + ... drückt man die Zukunft, mit *tener que* + ... eine Pflicht und mit *estar* + ... eine gerade stattfindende Handlung aus.

Colocación del pronombre *(Stellung)*

Lo tengo que ver. → *Tengo que* ....

Lo voy a ver. → ....

Lo estoy viendo. → ....

Das Reflexiv- oder Objektpronomen darf nie zwischen beiden Verben stehen: ~~tengo que lo ver~~ !

Tipp

Wird ein **Pronomen** an das Gerundium angehängt, wird das Wort immer mit Akzent geschrieben: viéndolo, dándome, pidiéndonos…

Construcciones verbales

Colocación del pronombre

Escribe las frases con el pronombre en otro lugar de la frase. Con una expresión no es posible: ¿con cuál?

Tenía que ver**te**. → *Te tenía que ver.*

Acababa de hacer**lo**. → ....

Siguen duchándo**se**. → ....

Hay que lavar**se**. → ....

Bei der Verbkonstruktion .... wird das Pronomen an den Infinitiv angehängt!

Tipp

Wird ein **Pronomen** an das Gerundium angehängt, wird das Wort immer mit Akzent geschrieben: viéndolo, dándome, pidiéndonos…

Otras construcciones verbales con infinitivo y gerundio

Completa las frases con: a llorar – de llorar – llorando.

El bebé **empezó** ....

El bebé **sigue / continúa** ....

El bebé **dejó** ....

El bebé **lleva** .... *una hora.*

El bebé **ha vuelto** ....

El bebé **acaba** ....

El bebé **se queda** ....

Tipp

Am besten kann man sich diese Ausdrücke einprägen, indem man kurze Sätze auswendig lernt: *Sigue lloviendo, vuelvo a ser feliz, empiezo a cantar, etc.*

1 **Responde a las preguntas usando el pronombre. Si hay dos formas posibles, escríbelas.**

1. *¿Vas a ver mañana a tus compañeros? – Sí,* ....
2. *¿Estás leyendo las cartas? – – Sí,* ....
3. *¿Vas a comprar el pan? – No,* ....
4. *¿Hoy tienes que preparar la cena? – ¿Yo? Hoy no* ....
5. *¿Estáis haciendo los ejercicios? – Sí,* ....
6. *¿Ustedes van a ver la película esta tarde? No,* ....
7. *¿Tenéis que comprar el regalo? – Sí,* ....
8. *¿Tienes que acostarte ya? – Sí, ya* ....

☐ ☺ ☐ 😐 ☐ ☹

2 **Completa con construcciones verbales.**

a. **Mira los dibujos y completa con una construcción verbal usando: "leer un libro".**

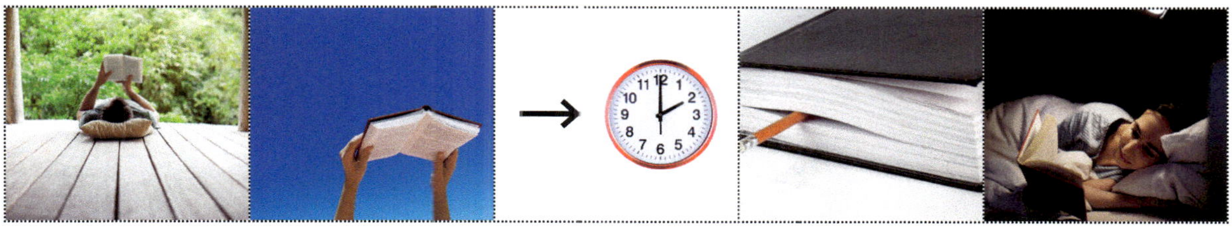

A las 10 Laia	*A las 12*	*A las 2* .... cuatro horas	.... *para comer algo.*	.... *hasta muy tarde.*

b. **Completa las construcciones verbales en el texto.**

Normalmente, Paula .... *a trabajar a las 8:30 de la mañana. Nunca sabe a qué hora* .... *de trabajar. Muchas veces* .... *trabajando hasta muy tarde en la noche. Menos mal que Paula no ha* .... *a trabajar los fines de semana.*

☐ ☺ ☐ 😐 ☐ ☹

CHECK-OUT

Mache jetzt den **Online-check-out** mit der **Klett-Augmented-App** oder am **Computer.**

☐ 0 Fehler? Super, jetzt kannst du's!

☐ Nicht alles richtig? Bald kannst du's! Mache jetzt noch die **zusätzlichen Online-Übungen.**

5.8 Ser, estar, hay

CHECK-IN

Mache zuerst den **Online-check-in** mit der **Klett-Augmented-App** oder am **Computer** (die Erklärungen findest du auf Seite 2).

1 **Lee las tres frases célebres y subraya los verbos *ser y estar*.**

© Gabriel García Márquez,
*1927 Colombia; †2014

© Mario Vargas Llosa,
* 1936 Peru

© Mario Fortino Alfonso Moreno Reyes „Cantinflas",
*1911 Ciudad de México; †1993

2 **Traduce en alemán las frases con *ser* y *estar* que has subrayado. ¿Qué te sorprende?**

Diferencia entre *ser* y *estar*

Este …… Juan: …… mi novio.
Juan …… de Madrid, pero ahora …… en Rusia.
Él …… bien en Rusia porque allí …… profesor.

Mit ………… identifiziert man jemanden, gibt die Herkunft an oder nennt den Beruf. Man verwendet ………… , um den Ort anzugeben und das Befinden auszudrücken.

Bei Ortsangaben verwendet man *ser*, wenn das Verb *stattfinden* bedeutet: *El concierto **es** en la Casa de la Ópera.*

Diferencia entre *estar* y *hay*

un cine · mucha gente · ella · dos personas · mi novia · la chica · personas

Juan …………
………… *está allí.* *Hay* ………… *allí.*
………… …………
………… …………

………… wird für konkrete Sachen oder Personen verwendet: Eigennamen, bestimmte Begleiter, bestimmte Artikel oder Subjektpronomen.
………… wird für unbestimmte Sachen oder Personen verwendet: unbestimmte Artikel, Mengenangaben, Zahlen ohne Artikel oder Pluralwörter ohne Artikel.

Ser, estar, hay

El uso de *ser* y *estar* con adjetivos

Mi hermano ……… muy tranquilo, pero ahora ……… nervioso.

Man verwendet ……… mit Adjektiven, die bleibende oder charakteristische Eigenschaften beschreiben.

Francisco ahora ……… aburrido, pero ……… muy divertido normalmente.

Man verwendet ……… mit Adjektiven, die veränderliche Eigenschaften oder einen Zustand beschreiben.

Tipp

Steht das Adjektiv bei einem Substantiv, wird immer *ser* verwendet:
*La comida **está rica**. <=> **Es** una **comida** rica.*

Con adjetivos que cambian de significado

Soy aburrido. →	langweilig sein
Estoy aburrido.	sich langweilen
Ana **es** abierta.	aufgeschlossen sein
Está abierto.	geöffnet sein
Eres listo.	bereit sein
Estás listo.	klug sein
Soy bueno.	gesund sein
Estoy bueno.	brav sein
Es claro.	eindeutig sein
Está claro.	hell sein

Im Lernvideo lernst du, wann du ser oder estar und wann du hay verwendest.

1 Ser, estar o hay

Marca el verbo que se usa según la regla. Después, busca el ejemplo y complétalo con el verbo correspondiente.

bestimmter Artikel → ser/estar/hay	Mi casa …… pequeña, pero bonita.
Herkunft angegeben → ser/estar/hay	Mi fiesta de cumpleaños …… en mi casa.
stattfinden → ser/estar/hay	Yo no …… alemana.
Personen identifizieren → ser/estar/hay	En este parque solo …… cinco árboles.
unbestimmte Artikel → ser/estar/hay	Mis padres …… profesores.
vor Zahlen → ser/estar/hay	Mañana es mi cumpleaños; …… muy feliz.
Befinden auszudrücken → ser/estar/hay	Cerca de mi casa ……una estación de metro.
Eigennamen → ser/estar/hay	¿Quién ……?
Sachen identifizieren → ser/estar/hay	La casa …… cerca de una estación de metro.
Beruf → ser/estar/hay	Él …… Juan.

☐ ☐ ☐

2 Cuidado: *ser* o *estar* con adjetivo tienen otro significado. ¿Está claro?

Mira el dibujo y escribe la frase con *ser* o *estar* y completa el adjetivo que falta.

	La ventana ……… abierta	≠	Las ventanas ……… ………… .	
	Mario ……… abierto.	≠	Gabriel ……… ………… .	
	Noelia ……… mala.	≠	Gloria ……… ………… .	
	Ana ……… mala.	≠	Daniel ……… ………… .	

☐ ☐ ☐

CHECK-OUT «‹

Mache jetzt den **Online-check-out** mit der **Klett-Augmented-App** oder am **Computer.**

☐ 0 Fehler? Super, jetzt kannst du's!

☐ Nicht alles richtig? Bald kannst du's! Mache jetzt noch die **zusätzlichen Repaso-Übungen.**

6.1 La negación // Die Verneinung

CHECK-IN >>>

Mache zuerst den **Online-check-in** mit der **Klett-Augmented-App** oder am **Computer** (die Erklärungen findest du auf Seite 2).

1 Lee el cómic y mira también debajo del cómic. Marca los verbos con un óvalo ◯ y subraya las negaciones.

2 Mira lo que marcaste, ¿dónde están las negaciones?, ¿dónde están los verbos? ¿Qué hay entre la negación y el verbo? Completa el esquema.

		VERBO	

El futuro

Ana / quiere / no / jugar → Ana ....

¿le / no / jugar / gusta? → ¿ .... ?

vor– nach

Das ***no*** steht immer .... dem konjugierten Verb und .... ***Reflexiv- und Objektpronomen.***

La negación

La doble negación

No juego nunca al ordenador. →

Nunca ....

.... →

Tampoco compro online.

No conoce nadie mi contraseña. →

....

.... → Nada me interesa.

vor – nach

Stehen ***nunca, tampoco, nadie*** und ***nada*** .... dem Verb, braucht der Satz zusätzlich ein ***no***.

Stehen sie .... dem Verb, gibt es kein zusätzliches ***no***.

! Wird *nadie* als Objekt verwendet, steht vor *nadie* ein "a": *No veo a nadie.*

Algún y ningún

algún – alguno – alguna –

ningún – ninguno – ninguna

Hoy no he visto .... tutorial.

Pero he visto .... de mis vídeos preferidos.

He chateado con .... amigo.

¿Y con desconocidos? Yo no chateo con ....

Begleiter – Pronomen

Algún / ningún sind .... vor einem Substantiv Maskulin Singular.

Alguno / ninguno stehen allein als ....

–Hoy no he visto .... película.

–Yo en cambio sí he visto ....

Die weiblichen Formen ***alguna / ninguna*** werden als .... und als .... verwendet.

! Achte auf das "a" vor dem Objekt, wenn es sich auf Personen bezieht, und auch auf die doppelte Verneinung: *No veo aquí a ninguno.*

Schau dir jetzt das **Lernvideo** zu den Besonderheiten bei der doppelten Verneinung an.

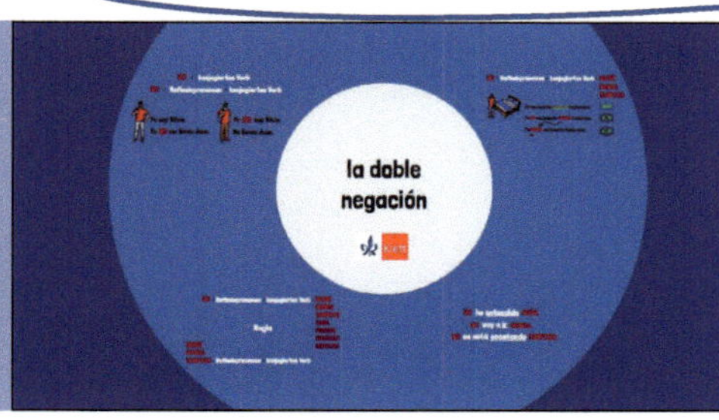

1 **Responde a estas frases de forma negativa.**

Por ejemplo: ¿Cuándo eras niño tenías internet? → *No, cuando era niño no tenía internet.*

1. ¿Noelia vive en Madrid? → No, ...
2. ¿Te gusta hacer deporte? → No, ...
3. ¿Esta mañana nos hemos despertado tarde? → No, ...
4. ¿Esta tarde vamos a jugar al fútbol? → No, ...
5. ¿Se lo puedo preguntar? → No, ...

2 **Escribe estas frases que están en desorden.**

nunca | Latinoamérica | a | ido | he

nadie | ver | voy | mañana | no | a | a

no | piensa | nada | Ana | hoy | hacer

3 **Completa con una forma de *algún* y *ningún*.**

BUSCO TÁNDEM

¿Eres hispanohablante? ¿Conoces a .... hispanohablante?

Busco a .... persona de .... país hispanohablante para hacer un tándem en persona o por videoconferencia para mejorar mis conocimientos de español.

Me llamo Freddy y tengo 17 años.

No conozco a .... persona hispanohablante.

Nunca he ido a .... país de América Latina.

Tampoco tengo .... compañero alemán de padres hispanohablantes.

Si tienes .... mensaje para mí, escríbeme a Fredd05@gmail.de

CHECK-OUT

Mache jetzt den **Online-check-out** mit der **Klett-Augmented-App** oder am **Computer.**

☐ 0 Fehler? Super, jetzt kannst du's!

☐ Nicht alles richtig? Bald kannst du's! Mache jetzt noch die **zusätzlichen Online-Übungen.**

6.2 La pasiva // Das Passiv

CHECK-IN

Mache zuerst den **Online-check-in** mit der **Klett-Augmented-App** oder am **Computer** (die Erklärungen findest du auf Seite 2).

1 **Lee las noticias y pon especial atención a las partes en negrita en cada noticia.**

EL PAÍS

QUÉ SERÍA DEL MUNDO SIN EL TAPEO: POR QUÉ ES DE JUSTICIA QUE EL BAR ESPAÑOL SEA DECLARADO PATRIMONIO DE LA HUMANIDAD

El argentino **Don Julio es elegido** por primera vez como el mejor restaurante de Latinoamérica

Más de 40 millones de **teléfonos móviles serán usados** para rastrear el coronavirus en toda España

Muere la surfista de 22 años Katy Díaz al ser alcanzada por un rayo

Un año de EL PAÍS Escaparate: estos son los 15 productos que más se han comprado

Tercera y última entrega de la serie que publicamos por el primer aniversario de la sección de **EL PAÍS**. ¿Cuáles **han sido los productos más demandados** de los últimos 12 meses?

2 **Escribe las frases en negrita en tu cuaderno y responde a las siguientes preguntas.**

a. ¿Qué verbo aparece en cada una de las frases? Subráyalo.
b. ¿En qué tiempo están los verbos subrayados en a.?
c. ¿Qué verbo le sigue al verbo marcado en a.? ¿Cómo terminan estos verbos y por qué?

Con el pronombre „se“

Aquí se .... la mejor paella de Valencia. → **come**
Aquí se .... las mejores empanadas de Argentina. → **comen**

En la tienda se .... dos camisetas por sólo quince euros. **vende**
En mi calle se .... una casa por más de un millón de euros. **venden**

En la foto se .... ver un río muy famoso. **puede**
En la foto se .... ver unos monumentos muy conocidos. **pueden**

Das Pronomen *se + Verb in der 1. / 2. / 3. Person* wird im Deutschen mit dem Passiv *(es wird / es werden)* oder mit *man* wiedergegeben. Das Verb kann im Singular oder Plural stehen und richtet sich nach dem Adjektiv / Substantiv, auf das es sich bezieht.

Tipp

Wenn du herausfinden willst, ob das Verb im Singular oder Plural stehen muss, übersetze den Satz ins Deutsche: *Se busca camarera. = Kellnerin wird gesucht.*
Se buscan camareros. = Kellner werden gesucht.

La pasiva

Con el verbo „ser“

Frase activa	***Frase pasiva***
Muchos turistas visitan Barcelona.	→ *Barcelona es visitada por muchos turistas.*
Juan bebe un vaso de agua.	→ *Un vaso de agua .... por Juan.*
María compró la camisa verde.	→ *La camisa verde fue .... por Marisa.*
Marsé escribió estas novelas.	→ *Estas novelas .... por Marsé.*

Das Vorgangspassiv wird mit dem Verb estar / ser und dem Infinitiv / Partizip Perfekt gebildet.
Das Partizip Perfekt wird im Genus und Numerus angeglichen.
Im Passivsatz wird das Subjekt des Aktivsatzes mit der Präposition para / por eingeleitet.

Tipp

Anders als im Deutschen wird das Passiv im Spanischen eher selten verwendet. Man findet es vor allem in Zeitungstexten oder in der Behördensprache. Vermeide deshalb das Passiv, wenn du Texte schreibst, und verwende lieber das Aktiv oder das Pronomen *se*.

Schau dir jetzt das **Lernvideo** an.

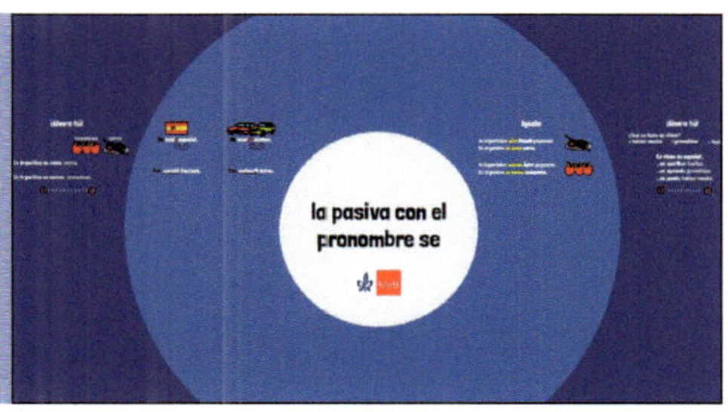

1 Lee la primera parte de la frase y escoge su final.

1. ¿Dónde se hablan	a. dos lenguas: inglés y español?	➢ Puerto Rico
2. ¿Dónde se come	b. el café?	➢ Latinoamérica
3. ¿Dónde se cultiva	c. las piñas?	➢ Perú
4. ¿Dónde no se utiliza	d. las patatas?	➢ Colombia
5. ¿De dónde se traen a Alemania	e. el vosotros?	➢ Cuba
6. ¿Dónde se comen	f. béisbol	➢ México
7. ¿De dónde vienen	g. insectos?	➢ Costa Rica
8. ¿En qué país se juega	h. mucho pan?	➢ Alemania

☐ 🙂 ☐ 😐 ☐ ☹

2 Escribe las formas del verbo en pasiva en 3ra persona singular, masculino.

1. ha vendido → ....
2. comía → ....
3. escribirá → ....
4. tomaría → ....
5. leyó → ....
6. prepara → ....
7. había defendido → ....
8. estoy regalando → ....
9. que cuente → ....
10. va a cantar → ....

☐ 🙂 ☐ 😐 ☐ ☹

3 **a. Marca si la frase está en la voz pasiva o activa.**

		activa	pasiva
1.	Mario va a ser arquitecto.	☐	☐
2.	La casa fue construida en cinco meses.	☐	☐
3.	La policía detiene a los ladrones.	☐	☐
4.	La niña es cuidada por su abuela.	☐	☐
5.	Todos los libros han sido vendidos	☐	☐
6.	La exposición ha sido preparada por los pintores.	☐	☐
7.	El árbitro canceló el partido.	☐	☐
8.	La madre va a regañar a su hijo.	☐	☐

b. Ahora convierte las frases pasivas en activas.

1. ....
2. ....
3. ....
4. ....

☐ 🙂 ☐ 😐 ☐ ☹

CHECK-OUT

Mache jetzt den **Online-check-out** mit der **Klett-Augmented-App** oder am **Computer.**

☐ 0 Fehler? Super, jetzt kannst du's! ☐ Nicht alles richtig? Bald kannst du's! Mache jetzt noch die **zusätzlichen Online-Übungen.**

6.3 Frases de relativo // Relativsätze

CHECK-IN

Mache zuerst den **Online-check-in** mit der **Klett-Augmented-App** oder am **Computer** (die Erklärungen findest du auf Seite 2).

1 **Lee la frase. Piensa para ti si tienes algún amigo o alguna amiga que sea como esas "personas" de la frase.**

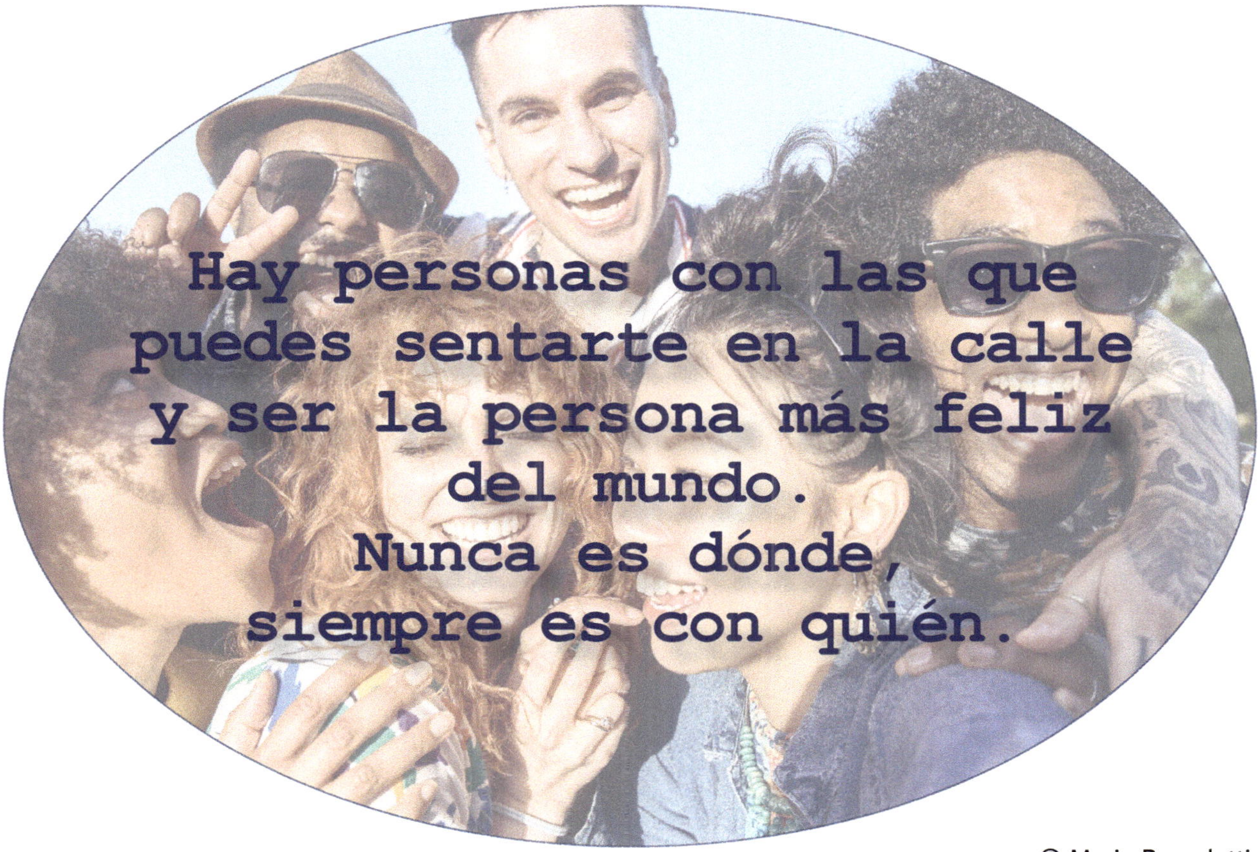

© Mario Benedetti

2 **Escribe otras tres ideas.**

Hay personas ***con* las que** puedes sentarte en la calle y ser la persona más feliz del mundo.

Hay personas ***con* las que** ....

Hay personas ***con* las que** ....

Hay personas ***con* las que** ....

Las frases de relativo

Con que

Hablo con el profesor. + Él enseña griego. → *Hablo con el profesor que enseña griego.*

Escribo a una amiga. + La amiga es de Japón. → *Escribo a una amiga .... es de Japón.*

Tengo unos amigos. + Saben latín. → *Tengo unos amigos .... saben latín.*

Conozco a dos chicas. + Ellas hablan italiano. → *Conozco a dos chicas .... hablan italiano.*

Mit ***que*** lässt sich die Wiederholung eines Adjetivs / Substantivs vermeiden. Das Wort, auf das sich ***que*** bezieht, kann männlich oder weiblich sein, im Singular oder Plural stehen.

Con preposición

el / la / los / las

El chico con el que estoy saliendo es mexicano.
Quiero visitar a las amigas de .... que ya te he hablado.
Son muy exóticos los países en .... que ha estado este verano.
La ciudad a .... que vamos en navidades está en Noruega.

Wird der Relativsatz mit einer Präposition eingeleitet, muss ein bestimmer Artikel *(el, la, los, las)* vor dem *que* stehen.

! Du kannst auch ***donde*** für Relativsätze mit *en* verwenden:
*La ciudad **en la que** vivo. = La ciudad **donde** vivo.*

Con lo que

Mis padres dicen que en verano vamos a ir a Madrid, que / lo que me parece una buena idea.
Estoy seguro de que Madrid es una ciudad que / lo que me va a gustar mucho.
Tengo que mandar un paquete a la chica que / lo que he conocido por Internet.
Tengo que mandar un paquete a la chica, que / lo que me va a costar más de seis euros.
Esto es todo que / lo que puedo decirte.

Lo que bezieht sich auf einen Satz / ein Substantiv.
Lo que ist unveränderlich und entspricht dem deutschen Relativpronomen *was* oder *das, was*.
Nach *todo* steht ebenfalls *lo que*.

1 Traduce las siguientes frases relativas del alemán al español.

1. Der Junge, den du da siehst, ist mein Bruder. ....
2. Die Frau, die da spricht, ist meine Mathelehrerin. ....
3. Die Bücher, die dort sind, habe ich gerade gekauft. ....
4. Ich habe drei Freundinnen, die sehr gut Salsa tanzen können. ....
....
5. Der Tee, den ich getrunken habe, hat mir überhaupt nicht geschmeckt. ....
....

☐ ☐ ☐

2 Lee la frase y complétala con el artículo.

1. Esta es la compañera con .... que estudio.
2. Mis amigos a .... que veo poco viven en otras ciudades.
3. Esta es la escuela en .... que estudio.
4. El país a .... que quiero viajar es Argentina.
5. El chico para .... que compré el regalo es Pedro.

☐ ☐ ☐

3 Escoge el final de la frase correcto.

1. La que quiero es	a. negro y convertible.
2. El que quiero es	b. irme lejos de aquí.
3. Lo que quiero es	c. la falda verde de flores.

1. La que me dejó triste fue	a. perder tanto tiempo.
2. El que me dejó triste fue	b. la cuenta que he recibido hoy.
3. Lo que me dejó triste fue	c. el libro que leí ayer.

1. El que dijo	a. eso fue Marta.
2. La que dijo	b. fueron solo mentiras.
3. Lo que dijo	c. eso ya no está aquí.

☐ ☐ ☐

CHECK-OUT

Mache jetzt den **Online-check-out** mit der **Klett-Augmented-App** oder am **Computer.**

☐ 0 Fehler? Super, jetzt kannst du's! ☐ Nicht alles richtig? Bald kannst du's! Mache jetzt noch die **zusätzlichen Online-Übungen.**

6.4 El estilo indirecto // Die indirekte Rede

CHECK-IN >>>

Mache zuerst den **Online-check-in** mit der **Klett-Augmented-App** oder am **Computer** (die Erklärungen findest du auf Seite 2).

1 **Lee el corto extracto del libro Abdel en el que él mismo narra. Subraya las frases en las que él cuenta lo que otra persona dice, es decir, el estilo indirecto.**

Ahora estoy en una residencia del Centro Tutelar de Menores. Los chicos que viven aquí protestan mucho por todo y les gusta pelear. Es curioso: ninguno echa de menos a sus padres. También es cierto, por lo que cuentan, no se lo pasaban demasiado bien en sus casas: palizas, borracheras, abandonos... Hay de todo. Las madres no son mejores. En eso yo he tenido suerte, porque mi padre ha sido siempre mi mejor compañero. Sólo he podido verle una vez desde hace dos meses. Dice que está bien, y que me echa de menos. Yo también a él, desde luego.

Alicia y Miguel vienen a verme con mucha frecuencia. Son lo mejor que me ha pasado. A sus padres no les gusta, porque dicen que no soy una compañía recomendable. Ellos, de todos modos, no se han dejado convencer, y se acercan a escondidas. (...)

La comida que nos dan es muy buena, aunque yo soy el único que repite. Los demás opinan que es un asco. A mí me cae muy bien una de las chicas que están a cargo de la casa; se llama Charo, y habla mucho conmigo. Dice que quiere ayudarme, pero que para eso tengo que confiar en ella. Creo que un día de estos le voy a dejar leer mi cuaderno con esta historia, y así incluso me podrá decir si comento muchas faltas de ortografía. Tienen bastantes libros aquí, y me lo paso bien leyendo. No son tantos como los de la antigua biblioteca de Ben, pero son más divertidos. Dentro de poco me los habré leído todos.

2 **Mira las frases que has subrayado en 1.**
¿Para qué sirve este tipo de frases?
¿Qué verbo(s) usan aquí para introducir este tipo de frases? Márcalo(s) con un color.
¿Qué palabra(s) (=conjunción) aparecen(n) después del verbo introductorio? Márcala(s) con otro color.

Estilo directo → Estilo indirecto

Ernesto: „No me gusta la pasta." → *Ernesto dice que no le gusta la pasta.*

Su madre: „¿Prefieres entonces un huevo?" → *Su madre quiere saber .... prefiere un huevo.*

Ernesto: „¿Por qué tengo que comer algo?" → *Ernesto pregunta .... por qué tiene que comer.*
Ernesto pregunta por qué tiene que comer.

Fragepronomen / *que* / *si*

- Die indirekte Rede wird mit der Konjunktion .... eingeleitet.
- Indirekte Fragen werden dagegen mit der Konjunktion .... eingeleitet.
- Fragen mit Fragewörtern werden mit dem .... oder mit .... + ... eingeleitet.

El estilo indirecto

Una nueva perspectiva

Estilo directo → **Estilo indirecto**

Daniel: „Tengo quince años". → *Daniel cuenta que tiene quince años.*

Daniel: „Esta cena la he preparado yo solo". → *Daniel dice que .... solo ha preparado la cena.*

Daniel: „¿Vive Elisa aquí?" → *Daniel quiere saber si Elisa vive ....*

Daniel: „Mi hermana se llama Adela". → *Daniel dice que .... hermana se llama Adela.*

Daniel: „¿De quién es este libro?". → *Daniel pregunta de quién es .... libro.*

Verwandelst du eine Aussage oder Frage der direkten in die indirekte Rede, denke daran den Satz der neuen **Perspektive des Sprechers** anzupassen. Achte auf Verben, Subjektpronomen, Possessivbegleiter...

Tipp

Um den Satz in der indirekten Rede richtig wiederzugeben, nimm Abstand vom Satz in der direkten Rede. Versetze dich in die neue Situation und überlege, was sich alles geändert hat: Ort, Zeit, Person...

1 **Escribe las siguientes frases que Anita te escribe (en blanco) en el estilo indirecto.**

1. ....
....

2. ....
....

3. ....
....

4. ....
....

☐ ☐ ☐

2 **Escribe en tu cuaderno las frases que has subrayado en el extracto de Abdel en el estilo directo.**

☐ ☐ ☐

3 **Completa las frases que la madre de Juan le dice a Juan muy temprano en la mañana. Él no está seguro de si está soñando.**

¿Qué haces ahí? ¿Todavía estás en cama? ¿Sabes qué hora es? Han llamado del instituto a preguntar por ti.
Tienes que levantarte de tu cama y salir para el instituto. Tienes que llevarle esta excusa a tu profesor.

¿Mi madre? Me pregunta .... aquí y .... todavía .... en cama. Además, quiere saber si yo .... es. Me dice que .... del instituto a preguntar por .... Finalmente, me grita .... que levantarme de .... cama y salir para el instituto. Dice .... que llevarle .... excusa a .... profesor.
¡Qué pesadilla!

☐ ☐ ☐

CHECK-OUT

Mache jetzt den **Online-check-out** mit der **Klett-Augmented-App** oder am **Computer.**

☐ 0 Fehler? Super, jetzt kannst du's!

☐ Nicht alles richtig? Bald kannst du's!
Mache jetzt noch die **zusätzlichen Online-Übungen.**

Bildquellenverzeichnis

9.1 Getty Images (rambo182), München; **9.2** picture-alliance (Geisler-Fotopress), Frankfurt; **11** Getty Images (TheresaTibbetts), München; **12** © Laura Pacheco, Problemas del Primer mundo, 2014; **14.1** Getty Images (sayukichi), München; **14.2** Getty Images (Merrill Images), München; **15.1** Getty Images (Dimitri Otis), München; **15.2** Getty Images (Image Source), München; **15.3** Getty Images (Mongkolchon Akesin), München; **15.4** Getty Images (Tom Werner), München; **17.1** Getty Images (ET-ARTWORKS), München; **17.2** Getty Images (visual7), München; **17.3** Getty Images (incomible), München; **17.4** Getty Images (incomible), München; **17.5** Getty Images (Richard Newstead), München; **18** Getty Images (Hiroshi Higuchi), München; **20** Getty Images (nensuria), München; **23.1.3.4** Getty Images (Nadzeya_Dzivakova), München; **23.2** Getty Images (Diana Kovach), München; **23.5.6** Getty Images (vectorikart), München; **23.5** Getty Images (dikobraziy), München; **23.6** Getty Images (saemilee), München; **23.9** Getty Images (Vitaliy Gorban), München; **24** © Laura Pacheco, Problemas del Primer mundo, 2014; **26** Getty Images (-VICTOR-), München; **27.1** María Victoria Rojas Riether; **27.2** María Victoria Rojas Riether; **29** Getty Images (Alberto Duran Photography), München; **30** © Laura Pacheco, Problemas del Primer mundo, 2014; **33** © 1964, Legatee of Joaquín S. Lavado (Quino)/ Caminito S.a.s. Literary Agency; **35** Getty Images (LuckyBusiness), München; **36.1** Getty Images (CTRd), München; **36.2** Getty Images (kbeis), München; **40.1** Getty Images (Penelope Graßhoff), München; **40.2** Getty Images (Jorg Greuel), München; **40.3** Getty Images (s: DmitriyBezborodkin), München; **46** © Gaturro; **50.1** Getty Images (Jonathan Knowles), München; **50.2** Getty Images (Photoevent), München; **50.3** Getty Images (ulimi), München; **53** Getty Images (Cn0ra), München; **55.1** Getty Images (J.A. Bracchi), München; **55.2** Getty Images (Jerome Tisne), München; **55.3** Getty Images (monticelllo), München; **55.4** Getty Images (-nelis-), München; **55.5** Getty Images (Luis Alvarez), München; **56.1** 123RF.com (markpittimages), Nidderau; **56.2** Shutterstock (360b), New York; **56.3** 123RF.com (neftali77), Nidderau; **58.1** Getty Images (artpartner-images), München; **58.2** Getty Images (Aaron Foster), München; **58.3** Getty Images (kbeis), München; **58.4** Getty Images (danijelala), München; **58.5** Getty Images (Volhah), München; **58.6** Getty Images (Natalia Darmoroz), München; **58.7** Getty Images (Topp_Yimgrimm), München; **58.8** Getty Images (pijama61), München; **59** © faro; **61** Getty Images (Morsa Images), München; **62.1** Prisa, Madrid; **62.2** Getty Images (Dougal Waters), München; **62.3** Getty Images (Dougal Waters), München; **65** Getty Images (Flashpop), München; **67** Getty Images (mmphoto), München; **68** Klett-Archiv, Stuttgart; **70** Getty Images (bymuratdeniz), München